中国科学技术协会学会学术部专项资助

科技论文病句评改

中国科学技术协会学会学术部
中国科学技术期刊编辑学会 编

主　编　冯长根

副主编　（按姓氏笔画排序）

王晓彬　刘兴平　李兴昌
沈爱民　陈浩元　苏　青
姚希彤　游苏宁　颜　帅

执　笔　李兴昌

主　审　李裕德

中国科学技术出版社
·北　京·

图书在版编目(CIP)数据

科技论文病句评改/冯长根主编.—北京:中国科学技术出版社,2011.7

ISBN 978-7-5046-5895-1

Ⅰ.①科… Ⅱ.①冯… Ⅲ.①科学技术-论文-病句-分析 Ⅳ.①H152.3

中国版本图书馆CIP数据核字(2011)第137622号

出版人 苏 青
策划编辑 王晓彬
责任编辑 符晓静
责任校对 韩 玲
责任印制 张建农
封面设计 孙雪骊
版式设计 达卡图文

出 版 中国科学技术出版社
发 行 科学普及出版社发行部
地 址 北京市海淀区中关村南大街16号
邮 编 100081
发行电话 010-62173865
传 真 010-62103109
网 址 http://www.cspbooks.com.cn

开 本 880mm×1230mm 1/32
字 数 235千字
印 张 8.75
版 次 2011年8月第1版
印 次 2013年1月第2次印刷
印 刷 北京长宁印刷有限公司

书 号 978-7-5046-5895-1/H·75
定 价 25.00元

序

科技语言是目前规范性相对较差的社会方言,这主要表现在科技期刊刊载的论文中多见逻辑语言病例。从近年来中国科协组织对科技期刊的审读情况看,这些逻辑语言病例主要包括:①科技名词术语不规范;②病语病句,如用词不当、成分残缺、搭配不当、语序颠倒、结构混乱、详略失当、句式选用不当、句子组织不好、歧义和费解、逻辑错误等;③别字或未用首选字;④标点符号误用;⑤外文差错。

随着我国科学技术和信息技术的快速发展,文化出版呈现空前繁荣的局面,科技期刊日益受到重视。为了更好地发挥科技期刊在语言逻辑使用上的重要引导、示范作用,有必要对刊载其中的科技名词、专业术语、计量标准等提出更高的规范标准,以达到规范使用语言文字、净化语言环境,继而提高学术交流的水平和质量,促进我国科技创新体系建设的目的。

《科技论文病句评改》就是基于这样的考虑而编辑出版的。

本书具有以下特点:①涉及面广。涉及了科技汉语的选词用词、语句结构和标点符号诸多方面的语病。②针对性强。所有病句均来自科技期刊刊载的学术论文,反映了科技语言中的实际情况,容易引起科技论文写作人员和科技期刊编辑人员的重视。③实用性强。本书对所提供的每个病句都进行了简明扼要的分析,具有较强的说服力,便于科技论文写作人员和科技期刊编辑人员查阅，相信读后能够受益。

社会上每年都要举办各类科技语言培训班，举办者总是苦于缺乏系统、正规的培训教材。从这个意义上说，作为科技论文写作人员和科技期刊编辑人员进行系统培训的教材，《科技论文病句评改》正好填补了这一空缺，因而具有较高的出版价值。

期望通过编辑出版《科技论文病句评改》一书，增强科技期刊界及广大编辑的社会责任感，加强对科技期刊语言文字的社会监督，提高科技期刊学术水平和出版质量，促进科技期刊编辑素质和业务水平的提高。

中国科协副主席 冯长根

前　　言

科技期刊及其刊载的论文的主要社会功能之一，是传播、交流与储存科技信息，要做到准确、简明地传播、交流与储存科技信息，语言文字的规范使用是必要条件。

党的十四届六中全会通过的《中共中央关于加强社会主义精神文明建设若干重要问题的决定》指出："新闻媒体和出版物要为全社会正确使用祖国语言文字做出榜样。"作为出版物中的一大类，科技期刊及其刊载的论文的作者肩负的责任十分重大。

我国各类科技期刊及其刊载的论文的作者，在语言文字的使用方面，总的情况是好的。科技论文稿件经科技期刊编辑文字加工，成为内容新颖、表达规范、语言通顺，基本符合出版要求的作品，奉献给读者，奉献给社会，在传播学术研究成果，普及科学知识，倡导科学精神，培养科技人才，以及推动科学技术发展、促进国民经济建设等方面发挥了重要作用；但是，从近年来中国科学技术协会学会学术部组织专家对科技期刊进行的审读情况来看，这些科技期刊刊载的论文在语言文字方面仍然存在不少问题或错误。不管导致这些问题或错误的原因是什么，只要从"准确、简明地传播、交流与储存科技信息"和"做榜样"的要求来看，科技期刊编辑和论文作者都应当高度重视这些问题或错误，并采取措施予以解决或尽量避免。

2010 年初，中国科协书记处书记冯长根教授作出组织编写《科技论文病句评改》一书的指示。这一指示体现了中国科协领导对科技期刊事业发展，以及对科技期刊编辑人才和科技论文作者的关怀与重视，体现了中国科协领导对落实党中央关于"出版物要为全社会正确使用祖国语言文字做出榜样"这一指示精神的决心。据此，中国科协学会学术部明确地把语言文字的正确使用问题，作为对2010年度中国科协所属科技期刊审读的重点，继续委托中国科学技术期刊编辑学会承担这项工作，并通过收集、整理、分析审读中发现的语言文字使用错例，编辑出版《科技论文病句评改》一书。

2010年4月，中国科学技术期刊编辑学会制定了《2010年度中国科协系统科技期刊审读方案》，并成立了审读专家指导小组，指导科技期刊的审读和《科技论文病句评改》一书的编辑出版工作。审读专家指导小组组长由李兴昌担任，副组长由姚希彤、苏青担任，成员有陈浩元、游苏宁、栗延文、颜帅、肖宏、任胜利、郝梓国、方梅。20多位审读专家撰写的审读报告中所提供的语病实例及其评析被编入《科技论文病句评改》一书。同年5月20日，中国科协学会学术部发出《关于"科技期刊逻辑语言病例有奖征集活动"的通知》，面向科技期刊编辑、论文作者、审稿专家和科技期刊出版研究者征集科技期刊逻辑语言病例。截至本书定稿时，共征集到语病实例及其评析150条，其中56条入书。

本书由主编冯长根提出编写原则，副主编李兴昌执笔编写，主编会同全体副主编审核。主要内容包括：①661个病句及其评改；②212组不规范的科技名词术语及其改正；③230组别字或非首选字及其改正；④368个标点符号错用例句及其订正；⑤供读者作纠错练习的25个病句。

本书主要读者对象是科技期刊（图书）编辑、科技论文（图书）作者，以及对本书内容感兴趣的其他科技工作者。

"科技期刊逻辑语言病例"征集工作，由中国科学技术期刊编辑学会承担，得到科学出版社、科技导报社、中国高校科技期刊研究会、中国知网、中国期刊研究会、中国逻辑与语言函授大学的大力支持和协助；2010年中国科协科技期刊审读工作，得到李兴昌、王曙明、张道远、任胜利、郝梓国、陈浩元、苏青、游苏宁、栗延文、颜帅、肖宏、方梅、周传敬、朱莱茵、吴石忠、吕金陵、高鲁山、程维红、李军、俞敏等审读专家的鼎力相助，他们提供了病句评改实例；张全福、陈玲、郭洁、杨爱丽、郭晓芳、金铁成、曹金盛、段佳、沈玲、杜宁、龚雪、嵇鹏、李丽萍、刘娜、刘承军、张静等科技期刊界同仁，积极参与“科技期刊逻辑语言病例”征集活动，提供了病句评改实例；李裕德先生审阅了全书，并提出了指导性修改意见；石朝云编审帮助审定本书第 2 篇“不规范的科技名词术语”中的医学名词部分。借本书付梓之际，谨向他们表示衷心感谢！

由于编者语言文字功底欠深厚，加上成书时间仓促，在病句实例的选取、评改的准确性等方面，肯定有不足和错误之处，敬请读者批评指正。

编　者

目　录

第1篇　语病

语病，指句子有毛病，包括语法、修辞和逻辑方面的。语法研究遣词造句的规则；修辞研究如何修饰语句，把话说得准确、简练、生动；逻辑研究思维活动和思维形式的规律。语法、修辞和逻辑三者的关系很密切。逻辑要求说话要符合事理，语法要求说话要按照习惯，修辞要求表达要准确、简明和生动。或者说，逻辑要求解决对不对的问题，语法要求解决通不通的问题，修辞要求解决好不好的问题。

判断一个句子是否有毛病，光凭语感有时是靠不住的，必须依赖于掌握并熟悉语法规则、修辞规则和逻辑规则。用这些规则来辨析语病，就能发现问题，进而纠正错误。

科技期刊及其刊载的文章中常见的语病有如下几种类型：用词不当，成分残缺，搭配不当，语序颠倒，结构混乱，详略失当，句式选用不当，句子组织不好。

下面举出一些语病的实例来作辨析和评改。

第1章 用词不当

1.1 词类词义误用

词类词义误用，指不考虑词的类别和意义随便用词而产生的语病。

词有若干类，如名词、动词、形容词、副词、介词、连词等。各类词都有本身的语法特点和使用规则，如副词不能修饰名词，不及物动词不能带宾语等。每个实词都有它的意义，同义词之间除了某些方面的共同意义之外，还具有彼此不同的意义。不考虑这些要求，就会产生语病。

词类误用

(1)由于无需形成刚度矩阵，因此，基于较小内存空间就能够非常准确地模拟材料的塑性破坏和流动。

“无需”意为“不需要，不用”，“无须”意为“用不着，不必要”，二者意义相同，但词性不同：前者是动词，而后者是副词。这里，应当用“无须”，做“形成”的状语。改为：

由于无须形成刚度矩阵，因此，基于较小内存空间就能够非常准确地模拟材料的塑性破坏和流动。

(2)无需考虑网络的城域覆盖能力。

这里，应当用“无须”，做“考虑”的状语。改为：

无须考虑网络的城域覆盖能力。

(3)首先必需对待估价对象价值的内涵进行准确界定。

“必需”是动词，而“必须”才是副词，做动词“进行”的状语。改为：

首先，必须对待估价对象价值的内涵进行准确界定。

(4)这表明水杨酸并不是必需防卫所有的病原体。

"必需"应为"必须",使"必须"做"防卫"的状语。改为:

这表明水杨酸并不是必须防卫所有的病原体。

(5)有功功率是满足建筑物功能所必须的,因此是不可变的。

"必须"是副词,只能做状语,而"必需"是动词,后边加"的",可以做宾语。改为:

有功功率是满足建筑物功能所必需的,因此是不可变的。

(6)它在尺寸上媲美等离子甚至背投电视。

"媲美"是不及物动词,其后不能带宾语。改为:

它在尺寸上可与等离子甚至背投电视媲美。

(7)现代医学研究表明油酸在降低血液胆固醇、甘油三酯和低密度脂蛋白胆固醇的同时,还能升高对人体有益的高密度脂蛋白胆固醇的含量。

"升高"是不及物动词,不能带宾语。改为:

现代医学研究表明,油酸在降低血液胆固醇、甘油三酯和低密度脂蛋白胆固醇的同时,还能使对人体有益的高密度脂蛋白胆固醇的含量升高。

(8)该车型于2007年1月29日—12月14号巡展北京、上海、西安、南京、深圳等5地。

"巡展"是不及物动词,说"巡展北京、上海、西安、南京、深圳等5地",不通。改为:

该车型2007年1月29—12月14日巡展于北京、上海、西安、南京、深圳等5地。

或改为:

该车型2007年1月29—12月14日在北京、上海、西安、南京、深圳等5地巡展。

(9)经过世博会的荣耀后,上海这座城市也将在安保方面更上一层楼,以国际化大都市的形象走向世界,以一个安全都市的形象折服世界。

“折服”是不及物动词，一般不能带宾语。改为：

经过世博会的荣耀后，上海这座城市也将在安保方面更上一层楼，以国际化大都市的形象走向世界，以一个安全都市的形象令世界折服。

(10)另一方面，还可以进一步聚焦客户，分析客户的行为，细分各类客户群，并针对性地提出对应的套餐服务，来进一步稳固和扩大客户群，以获得更好的收益。

“针对性”是名词性的，不能做状语，改为“有针对性”，这是动宾词组，可以做状语。改为：

另一方面，还可以进一步聚焦客户，分析客户的行为，细分各类客户群，并有针对性地提出对应的套餐服务，来进一步稳固和扩大客户群，以获得更好的收益。

(11)该遗传因子有两部分组成。

误将介词“由”用成动词“有”。改为：

该遗传因子由2部分组成。

(12)在验证了解析方法可行性的基础上，数值解析了液态LPG喷嘴内部在不同喷孔形状时的气穴现象，考察了气穴生成的位置、喷孔出口处的燃料体积分数的分布等。

“数值”是名词，不能做动词“解析”的状语。改为：

在验证了解析方法可行性的基础上，对液态LPG喷嘴内部在不同喷孔形状时的气穴现象进行了数值解析，考察了气穴生成的位置、喷孔出口处的燃料体积分数的分布等。

词义误用

(1)香港的迪斯尼乐园和中国举办的2008年奥运会也会提高需求。

“香港”是“中国”的一部分，二者不能并列；此外，“2008年北京奥运会”早已成为固定用语。改为：

香港的迪斯尼乐园和2008年北京奥运会也会提高需求。

(2)由中国照明学会、台湾区照明灯具输出业同业公会共同举办的海峡两岸第16届照明科技与营销研讨会，于2009年11月9—11日在太原召开，国内及台湾的有关企业、高校、研究机构的代表200余人出席了会议，其中台湾代表69人。

用词不当，导致“国内及台湾”这样的涉台问题表述出现严重错误：台湾也属中国，绝不能与“国内”并列；此外，还有别的语病。改为：

由中国照明学会、台湾区照明灯具输出业同业公会共同举办的海峡两岸第16届照明科技与营销研讨会，于2009年11月9—11日在太原召开，大陆及台湾的有关企业、高校、研究机构的代表200余人出席，其中台湾代表69人。

(3)近年来，北京方面鼓励把金融服务普及到农村地区。

“北京方面”的提法不妥，作者好像站错了立场。根据文意，改为：

近年来，中国政府鼓励把金融服务普及到农村地区。

(4)由于虾类以尾数计优势度差别不大，故本文以重量作为生物量指标。

科技文献中“重量”指的是“力”；而“质量”才指“物质的多少”，但此处为避免与“产品质量”的概念混淆，根据文意，可将“重量”改为“捕获量”或“产量”。改为：

由于虾类以尾数计优势度差别不大，故本文以捕获量作为生物量指标。

(5)由于试验用碘钨灯光源的光强较弱，所采集的喷雾照片须进行处理。

“发光强度”不可简称为“光强”。改为：

由于试验用碘钨灯光源的发光强度较弱，所采集的喷雾照片须进行处理。

(6)角百灵的营巢于地面草丛中，新生的雏鸟浑身光秃秃的零星长着几簇土黄色的绒羽。

"光秃秃的(地)"是什么也没有,又说"零星长着绒羽",自相矛盾。应将"光秃秃的"删去。改为:

角百灵的营巢于地面草丛中,新生的雏鸟浑身零星长着几簇土黄色的绒羽。

(7)分析机构人员的复杂人性及学术动力,探讨知识库的构建的激励机制十分重要。

"人性"属哲学范畴,如善恶;"动机"属心理学范畴,如各种需要;"动力"属社会心理学范畴。此句将这几个概念混淆了。改为:

分析机构人员不同的动机和学术目的,对于探讨知识库构建的激励机制十分重要。

(8)目前确定橡胶材料应变能函数理论是基于统计热力学和连续介质的唯象理论。

"理论"是人们由实践概括出来的关于自然界和社会的知识的有系统的结论。句中的"应变能函数"最多只能称为"原理"。改为:

目前确定橡胶材料应变能函数的原理是基于统计热力学和连续介质的唯象理论。

(9)磁记忆检测技术由于能够反映铁磁构件早期应力集中区域,对缺陷进行早期诊断,而成为无损检测领域的前沿性学科。

"学科"是指按学问的性质而划分的门类。此处的"磁记忆检测"仅是磁学中的某一方面,称不上是一门学科。改为:

磁记忆检测技术由于能够反映铁磁构件早期应力集中区域,对缺陷进行早期诊断,而成为无损检测领域的前沿性技术。

(10)鲟鱼类至今已有2亿多年历史,精子顶体结构和中段与其原始的进化地位相吻合。

此处,"鲟鱼类"的说法不妥。生物学中以"门、纲、目、科"的层次区分不同的群体,没有"类"。"鲟"属于脊索动物门幅鳍鱼纲鲟形目鲟科,因此,“鲟鱼类”应称为“鲟形目鱼类”或“鲟科鱼类”。此外,后半句缺指示代词,“顶体结构”与“中段”并列也不当。改为:

鲟形目鱼类至今已有2亿多年历史,其精子顶体和中段的结构与其原始的进化地位相吻合。

(11)……其细长的肠道增加了食物在消化道通过的时间,有利于肠的吸收。

“肠”不会被吸收,食物的“养分”才被吸收。改为:

……其细长的肠道增加了食物在消化道通过的时间,有利于养分的吸收。

或改为:

……其细长的肠道增加了食物在消化道通过的时间,有利于肠道吸收养分。

(12)国Ⅲ标准的汽油和柴油即将在全国范围内应用。

选用同义词应注意不同的使用对象。“应用”的对象多指原理、理论、方法和成果,而“使用”的对象一般则指人力、物力、工具和材料等;所以,改为:

国Ⅲ标准的汽油和柴油即将在全国范围内使用。

或改为:

国Ⅲ标准的汽油和柴油即将在全国范围内供应。

(13)应用文献[7]的分组方式把数据区间分成 $n/4$ 等份。

选用同义词时应注意它们意义的细微的不同。“应用”指一般的“运用”,而“采用”有“选择符合需要的并加以利用”的意思;所以,改为:

采用文献[7]的分组方式把数据区间分成 $n/4$ 等份。

(14)本文以考查高酸值皂脚中脂肪酸链长的差异对乙酯生物柴油品质和影响为主要目的。

“考查”指用一定标准检查、衡量,而“考察”则指到现场观察了解,或指深入推求研究，二者的目的和对象都不同。改为：

本文以考察高酸值皂脚中脂肪酸链长的差异对乙酯生物柴油品质和影响为主要目的。

(15)要制定风电上网的技术规范，有了统一而科学的技术规范，就可以防止或减少由于技术条件不同使风电上网带来安全风险。

“制定”与“制订”词义相同，但用法有细微的差别：前者指(计划、方案、法规等)已经制定出来，而后者指打算制订、正在制订或尚未定案。改为：

要制订风电上网的技术规范，有了科学而统一的技术规范，就可以防止或减少因技术条件不同而给电网带来安全风险。

(16)本文就不同类型的活性染料染色工艺参数对牛奶蛋白纤维染色性能的影响做较为系统的分析和探讨。

“做”与“作”是同义词，但适用场合有差别——应根据它们后边宾语词性和词义的不同来选择是当用“做”还是当用“作”。

一般原则是：在抽象意义的词语、书面语色彩较重的词语，特别是成语里，多写成“作”，如“作罢”“作废”“作战”“装模作样”；后边是双音节动词时，一般也用“作”，如“作调查”“作处理”。表示具体东西的制造时多写成“做”，如“做文章”“做书架”。按此“原则”来选用“做”和“作”，许多情况下能解决问题，但有时却还是让我们举棋不定。

幸好，国家语言文字工作委员会厉兵先生在他编写的一份讲义中，提出了一种当用“做”还是当用“作”的判别方法——单纯名词做宾语时，就用动词“做”，而动名词做宾语时，就用动词“作”。例如：做“文章”、做“学问”、做“习题”、做“笔记”、做“事情”、做“手术”等；作“报告”、作“调查”、作“分析”、作“研究”、作“实验”、作“改进”、作“介绍”、作“评价”、作“决定”、作“安置”等。

笔者认为，用此判别方法能很好地解决这类问题。

按此，原句改为：

本文就不同类型的活性染料染色工艺参数对牛奶蛋白纤维染色性能的影响作较为系统的分析和探讨。

(17)采用350 nm做为激发光波长进行荧光实验。

没有“做为”这个词。“做为”应为“作为”。改为:

采用350 nm作为激发光波长进行荧光实验。

(18)绿藻是富营养化的湖沼等滋生繁殖的一种微细藻类,大量发生不仅污染大气环境,还会严重影响渔业生产;但是,绿藻能吸收温室气体二氧化碳,对环境的适应能力非常强,生长迅速,而且含油量高,被各国视为潜在的可持续能源。

“发生”指一般的产生和出现(原来没有的现象),而“产生”指生长出新事物。不注意近义词之间的差别,就会出现用词不当的语病。改为:

绿藻是富营养化的湖沼等滋生繁殖的一种微细藻类,大量产生不仅污染大气环境,还会严重影响渔业生产;但是,绿藻能吸收温室气体二氧化碳,对环境的适应能力非常强,生长迅速,而且含油量高,被各国视为潜在的可持续能源。

(19)走路时心脏承担的负荷也不是太大。

“承担”具有主动意义,而“承受”则具有被动意义;所以,“承担的负荷”应为“承受的负荷”。改为:

走路时心脏承受的负荷也不是太大。

(20)[作者须知]……若投稿为彩色照片,则表示作者已同意正式发表时以彩图刊出,将收取相应的彩版费。

编辑部是“收取”,作者应是“交纳”。改为:

……若投稿为彩色照片,则表示作者已同意正式发表时以彩图刊出,应交纳相应的彩版费。

(21)它是反应声压大小的一种电流信号。

“反应”是名词,其意义一是有机体受到刺激而产生的相应活动,或者物质发生化学变化或物理变化的过程，二是事情发生后在人们中间引起的意见或行动。

这里，“反应”应为动词“反映”。改为：

它是反映声压大小的一种电流信号。

(22) 碳纳米管具有较大的长径比，极高的电导率，卓越的机械强度和化学稳定性等优点，被喻为是新一代理想的场发射材料[1]。

“喻为”是“比喻为”什么的意思，“誉为”指“称赞作”什么；这里不是比喻，所以“喻为”应为“誉为”。此外，“机械强度”应为“力学强度”，“是”与“为”意义重复。改为：

碳纳米管具有较大的长径比，极高的电导率，卓越的力学强度和化学稳定性等优点，被誉为新一代理想的场发射材料[1]。

(23) 王惠芸是最早应用此方法来观察牙体外形的人。

不宜用“人”，而用“学者”“专家”之类的尊称较好；因为人家至少在 1959 年就发表论文了。改为：

王惠芸是最早应用此方法来观察牙体外形的专家。

(24) 这几座高炉是东北地区现代炼铁高炉的鼻祖。

“鼻祖”比喻创始人，或称始祖，用于高炉不当。改为：

这几座高炉开创了东北地区现代炼铁高炉的先河。

(25) 其调查时间为 2003 年 6—10 月。

在科技语言中，时间是物理量名称，其法定单位为 d(天)、h(时)、min(分)、s(秒)等，还有常用时间单位“年”“月”“周”等。这里，“时间”应为“日期”。改为：

其调查日期为 2003 年 6—10 月。

(26) 今年油脂价格出现了巨大波动，多数油脂企业都将面临行业整合兼并的问题。

在科技文章特别是科技论文中，应避免使用时间名词“今年”“去年”“明年”等，而要用具体“年份”，否则有时会出现大问题——如此例:原稿“今年”指2008年,而此文发表于2009年第1期,“今年”乃指2009年,引起年份指代混乱。这里,“今年”应为“2008年”。改为:

2008年油脂价格出现了巨大波动,多数油脂企业都将面临行业整合兼并的问题。

(27)Brennecke等[1]首先在Nature杂志上报道了“超临界流体萃取离子液体中的有机物”的文章。

从作者的角度是“发表文章”,从杂志的角度是“报道”什么;此外,还有别的语病。改为:

Brennecke等[1]首先在《Nature》杂志上发表了题为《超临界流体萃取离子液体中的有机物》的文章。

(28)为控制铸坯中心偏析缺陷,冶金工作者开发出各种各样的技术,各种技术有其可取之处,但也存在某些局限性。

连贯的意思是,先说开发出各种各样的技术,接着说每一种技术都有其可取之处。“各种技术”应为“每一种技术”。改为:

为控制铸坯中心偏析缺陷,冶金工作者开发出各种各样的技术,每一种技术都有其可取之处,但也存在某些局限性。

(29)此时最少有8个车轮悬在空中。

按前后文的意思,“车轮”怎么能“悬在空中”?改为:

此时最少有8个车轮离开路面。

(30)卵巢癌发病时多为晚期。

“发病”时不一定是晚期,“发病”应为“发现”;此外,还有别的语病。改为:

卵巢癌被发现时多为晚期。

(31)进入21世纪以来,中国的汽车产量从2000年的207万辆,转瞬间跃升到2008年的938万辆,2009年可超过1 200万辆。

2000—2008年,共9年,说“转瞬间”不妥。改为:

进入21世纪以来,中国的汽车产量从2000年的207万辆,短短的

9 年跃升到 2008 年的 938 万辆,2009 年可超过1 200万辆。

(32)各层的化学成分目前均不十分确定,而我们知道,微小的化学成分变化常常对热力学相平衡有复杂的影响。

“各层的化学成分”确不确定是客观存在的,因此,“目前均不十分确定”应为“目前均不十分清楚”。改为:

各层的化学成分目前均不十分清楚,而我们知道,微小的化学成分变化常常对热力学相平衡有复杂的影响。

(33)正如 G 系列的设计理念“隽雅于型”所表达的一样,这一非常具有中国古典特色的词语用在 G25 身上显得非常贴切,再结合其与生俱来的运动天赋,它确实有一种超凡脱俗的灵气。我想这是每一个爱美人士都难以抗拒的。

“超凡脱俗的灵气”是“每一个爱美人士”所肯定的,怎么能说“抗拒”呢?所以,“都难以抗拒的”应为“都会接受的”。改为:

正如 G 系列的设计理念“隽雅于型”所表达的一样,这一非常具有中国古典特色的词语用在 G25 身上显得非常贴切,再结合其与生俱来的运动天赋,它确实有一种超凡脱俗的灵气。我想这是每一个爱美人士都会接受的。

(34)为进一步探索鄂尔多斯盆地边界受力的具体形式及其对古构造格局的制约,本文开展了盆地应力-应变场的数值模拟。

“开展”意为(活动)大规模地展开,用于(作者)个人的活动,不妥。“开展”应为“进行”。改为:

为进一步探索鄂尔多斯盆地边界受力的具体形式及其对古构造格局的制约,本文进行了盆地应力-应变场的数值模拟。

(35)相关研究结果距离工作实际仍有一定偏差。

“偏差”指工作中产生的偏离方针政策的差错,在科技领域中特指与正确值的差别大小;而“差距”才指事物之间差别的大小,也指跟某种标准或要求距离的大小。改为:

相关研究结果与工作实际仍有一定差距。

(36)因其与峡谷的高度多达2 000 m,所以显得格外突兀。

“高度”意为从上到下的距离,或高低的程度,而“高差”才指两者间的高度之差。改为:

因其与峡谷的高差多达2 000 m,所以显得格外突兀。

(37)精确称取原料约20 g。

“精确”与“约”意义矛盾。按文意,改为:

精确称取原料20 g。

(38)美托洛尔、比索洛尔、卡维地洛等β受体阻滞剂可降低慢性心力衰竭总病死率达到34%~35%。

“可降低”“达到”用词有误,是可以把总病死率降低34%~35%呢,还是降低到34%~35%,不明确。

(39)采用自适应模板更新策略,不仅极大地减少了计算量,而且还尽可能地克服了变形等的影响,使跟踪过程准确可靠。

“尽可能”的意义为“完全可能”,而“可能”有“意愿”“也许”等含义,“尽可能地”与“克服了”意义上存在不一致性;“克服影响”动宾不搭配;副词“还”多余。改为:

采用自适应模板更新策略,不仅极大地减少了计算量,而且最大限度地消除了变形等的影响,使跟踪过程准确可靠。

(40)塔里木古生代克拉通盆地沉积层序厚达8 000 km以上。

“达(到)”的应是(目标)“点”或“线”,而“××以上”是一个“面”。改为:

塔里木古生代克拉通盆地沉积层序厚超过8 000 km。(此例特别供讨论)

1.2　代词使用不当

代词是替代人或事物的一类实词,包括人称代词、指示代词和疑问代词。正确使用代词，不仅文意表达清楚，而且可使句子简练；但是，如果代词使用不当，就会产生语病。

1. 在科技文章中，应避免使用“我厂”“我公司”“我单位”这类说法，否则不便读者阅读，甚至引起误解。例如：

(1) 南方某厂使用我公司生产的2.5 m^2 纤维分级筛生产箱纸板。

该文第一作者的工作单位是杭州机电设计研究院，“我公司”系第二作者所在公司，笼统说“我公司”，使指称不明。应写出公司名称。

(2) 我厂是车用柴油机的生产厂家。

一般地讲，应写出厂的名称。

2. 在科技文章中，代词必须有前词（即指代词所替代的对象。科技语言中要求替代的对象一般应在代词之前出现，所以叫它为“前词”），**而且只能有1个前词，否则就会出现语病。**例如：

(3) 得到这些精确数字对于改善烘干机的设计，使之产生的热应力裂纹最少，十分重要。

“之”无前词，所指落空。据文意，“之”应为“玉米”。改为：

得到这些精确数字对于改善烘干机的设计，使玉米产生的热应力裂纹最少，十分重要。

(4) 第1阶段为吸收水分阶段，第2阶段为体积膨胀阶段。在该阶段中，土壤气隙是逐步减小的。

“该”有2个前词，即“第1(阶段)”和“第2(阶段)”，使指代对象不明，即不能确定“该”指的是哪个阶段。据文意，改为：

第1阶段为吸收水分阶段，第2阶段为体积膨胀阶段。在前一阶段中，土壤气隙是逐步减小的。

3. 代词指代不明，也是常见的一种语病。例如：

(5) 移动试图利用其庞大的手机客户群，发展因特网飞信用户，通过飞信发免费短信吸引其手机用户；但是，其发展面临很大的不确定性和风险。

"其"指代不明。改为：

移动试图利用其庞大的手机客户群，发展因特网飞信用户，通过飞信发免费短信吸引其手机用户；但是，这种发展面临很大的不确定性和风险。

4. 不注意"哪"与"那"的区别，也会产生语病。例如：

（6）无论是那种工艺都是由多个单元的化工操作组成的。

"那"是指示代词，用于特指；"哪"是疑问代词，用于泛指。此处是泛指，应当用"哪"。改为：

无论是哪种工艺都是由多个单元的化工操作组成的。

（7）由此我们可以得出以下结论：哪条线路客流量大，就应该先修那条。

"那"应为"哪"。改为：

由此我们可以得出以下结论：哪条线路客流量大，就应该先修哪条。

5. "他（他们）"代替人或人们，而"它（它们）"则代替事物。不注意这一区别，也会产生语病。例如：

（8）郭老的独到之处在于，他不是机械地以社会发展为线索来写化学的发展，不是以原始社会、奴隶社会、封建社会、资本主义社会以及社会主义社会等阶段来写化学的发展，而是以化学科学的本身发展为线索，找出它的社会背景与根源，阐明他们之间的联系。

按文意，阐明的是"化学科学"与"社会背景"和"根源"之间的联系，所以，"他们"应为"它们"。此外，"化学科学的本身发展"应为"化学科学本身的发展"。改为：

郭老的独到之处在于，他不是机械地以社会发展为线索来写化学的发展，不是以原始社会、奴隶社会、封建社会、资本主义社会以及社会主义社会等阶段来写化学的发展，而是以化学科学本身的发展为线索，找出它的社会背景与根源，阐明它们之间的联系。

(9)在拟南芥中无论是 *ein* 2 还是 *coi* 1 突变体,他们都非常易感于 *B. cinerea*,而真菌 *P. parasitica* 则不感病。

显然,"他们"所指的是"*ein* 2"和"*coi* 1",所以,"他们"应为"它们"。改为:

在拟南芥中无论是 *ein* 2 还是 *coi* 1 突变体,它们都非常易感于 *B. cinerea*,而真菌 *P. parasitica* 则不感病。

(10)CCZ－2 活性最高,此时中孔分布最为集中,CCZ－3 活性居次,中孔分布稍欠集中;但他们均比其他样品的孔径分布较集中于中孔范围。

"他们"改为"它们"。

(11)自 20 世纪 80 年代起,测算软件规模的各种各样的方法就被提出来,但他们都较依赖于开发语言。

"他们"指"各种各样的方法",所以,"他们"改为"它们"。

6. 有时,恰当使用代词,可以使句子简练或意义更明白。例如:

(12)由此可见,青葙根氯仿提取物具有开发为植物源除草剂和植物源杀菌剂的潜力,但青葙根氯仿提取物具体的活性物质尚不清楚,应进一步分离纯化。

句中第 2 个"青葙根氯仿提取物"用代词"其"替代,句子就变得简练。改为:

由此可见,青葙根氯仿提取物具有开发为植物源除草剂和植物源杀菌剂的潜力,但其具体的活性物质尚不清楚,应进一步分离纯化。

(13)目前只有文献[11]给出了相对有效的解决思路,开发了一套负荷特性信息在线读取电能消费仪表的软件,并已经成功运行于台湾地区电网内部;但是,文献[11]所阐述的软件,其数据结构层次设计复杂,操作需要多种网络软件配合,另外,一旦其服务器数据库故障将可能导致数据无法上传和原有各个数据损坏。

第 2 个"文献[11]"用"它"替代,句子变得简练;此外,还有别的语

病。改为:

目前只有文献[11]给出了相对有效的解决思路,开发了一套负荷特性信息在线读取电能消费仪表的软件,并已经成功运行于台湾地区电网内部;但是,它所阐述的软件,数据结构层次设计复杂,操作需要多种网络软件配合,另外,一旦其服务器数据库出现故障将可能导致数据无法上传和原有各个数据损坏。

(14)钾长石斑晶大小一般在 10～25 mm,特征与花岗闪长岩中斑晶相近。

前后 2 个分句衔接得比较生硬,后一分句前加上代词“其”就好了。改为:

钾长石斑晶大小一般在 10～25 mm,其特征与花岗闪长岩中斑晶相近。

1.3　介词使用不当

介词使用频繁,也很容易出错。介词用在名词、代词或名词性词组前边,它们结合在一起,组成“介词 + 介词宾语”这种结构的介词词组,在句中做定语、状语和补语,表示动作行为的方向、对象、方式、时间、范围、处所、原因、目的、条件等。

介词使用不当有下列几种情形。

1. 介词词组不完整,或者缺介词,或者缺介词宾语。例如:

(1)丁腈橡胶制作的密封件

“丁腈橡胶”自己不能制作什么,而是人们用它来制作什么。改为:

用丁腈橡胶制作的密封件

(2)[题名]惰性气体蒸发—冷凝法制备尺寸可控的纯稀土纳米粉末

“×法”自己不能制备什么,而是本文作者用它来制备什么;此外,连接号用错。改为：

用惰性气体蒸发-冷凝法制备尺寸可控的纯稀土纳米粉末

(3)单药厄洛替尼治疗晚期 NSCLC 有较高的临床有效率，尤其是身体状况较差、经济能够承受的晚期老年患者，还需要进一步临床研究。

“单药厄洛替尼治疗”前缺介词，“身体状况较差、经济能够承受的晚期老年患者”前缺介词。改为：

用单药厄洛替尼治疗晚期 NSCLC 有较高的临床有效率，尤其是对身体状况较差而经济上能够承受的老年患者，还需要进一步作临床研究。

(4)建筑材料大多数是“废物”利用，一部分砖用的是上海旧城改造时拖走的石库门砖头，还有一部分砖是淤泥或工厂废料制造的，石膏板也是用工业废料制作而成的。

“砖是淤泥或工厂废料制造的”，说不通，原因是缺介词。改为：

建筑材料大多数是“废物”利用，一部分砖用的是上海旧城改造时拖走的石库门砖头，还有一部分砖是用淤泥或工厂废料制造的，石膏板也是用工业废料制作而成的。

(5)里面有一辆 E85 驱动的 CCXR 正在接受台架试验。

“E85 驱动的 CCXR”前缺介词。改为：

里面有一辆由 E85 驱动的 CCXR 正在接受台架试验。

(6)社区医生管理慢性病患者中，掌握出现危重症状况的早期信号和重点观察项目，是早期识别危重症和及时处理的重要方法。

“社区医生管理慢性病患者中”缺介词，使谓语动词“掌握”无主语；此外，“识别和处理”中“和”改为“并”，因为“并”可连接动词，而“和”不能。改为：

社区医生在管理慢性病患者时，掌握出现危重症状况的早期信号和重点观察项目，是早期识别并及时处理危重症的重要方法。

(7)不设或少设陡坡傍山桥路结构物，不设或少设小半径曲线，特别是不良地质重灾群发区域。

“特别是不良地质重灾群发区域”中缺介词。改为：

不设或少设陡坡傍山桥路结构物，不设或少设小半径曲线，特别是在不良地质重灾群发区域。

(8)以为它人间蒸发了。

这里需要表示引进动作行为经过场所的介词“从”。改为：

以为它从人间蒸发了。

(9)可见，光源模型可应用舞台照明及其他照明领域。

动词“应用”后边缺介词“于”。改为：

可见，光源模型可应用于舞台照明及其他照明领域。

(10)由式(1)可以得出β,i,d,L等之间成反比关系。

缺介词，造成“β,i,d,L等”之间的关系不明。按文意，改为：

由式(1)可以得出β与i,d,L等之间成反比关系。

(11)术前支气管内膜异常，特别是内膜溃疡性病变者，应采取相应的治疗措施，再择期手术。

这里需要表示引进动作行为的对象的介词。改为：

对于术前支气管内膜异常，特别是内膜溃疡性病变者，应采取相应的治疗措施，再择期手术。

(12)分析数据可知……。

这里需要表示引进依据的对象的介词。改为：

由分析数据可知……。

(13)[层次标题]

2　油田企业节能减排的建议

这里需要表示引进动作行为涉及的事物的介词。改为：

2　关于油田企业节能减排的建议

(14)奥陶纪，鄂尔多斯盆地整体为浅表海环境，至志留纪，盆地整体抬升,成为剥蚀区。

"奥陶纪"前边缺介词"在","奥陶纪"便从句子中游离出来,什么成分也不是。改为:

在奥陶纪,鄂尔多斯盆地整体为浅表海环境,至志留纪,盆地整体抬升,成为剥蚀区。

(15)淋巴结阳性大于3枚的患者给予放疗,ER/PR阳性的患者给予三苯氧胺口服5年。

缺了表示引进动作行为的对象的介词,使"患者"成为主语,显然错误;此外,点号使用也有误。改为:

对淋巴结阳性大于3枚的患者给予放疗;对ER/PR阳性的患者给予三苯氧胺,口服5年。

(16)所有患者均密切随访以及时发现急性和慢性并发症,以及AVM的好转、加重和复发情况。

缺了表示引进动作行为的对象的介词;此外,还有别的语病。改为:

对所有患者均密切随访,以及时发现急性和慢性并发症,并了解AVM的好转、加重和复发情况。

(17)由于致龋菌、唾液质量、饮食和生活习惯存在延续性,所以患者的既往龋病病史可预测当前患龋风险。通过临床检查可确定龋损的数量与类型。

"预测"的施动者不是"患者的既往龋病病史",而是"我们"(医生)。改为:

由于致龋菌、唾液质量、饮食和生活习惯存在延续性;所以,通过患者的既往龋病病史可预测当前患龋风险,通过临床检查可确定龋损的数量与类型。

本来是"通过患者的既往龋病病史我们可预测当前患龋风险",其中"我们"省略了。

(18)工作面不宜同时开挖，结合本工程实际情况，各工作面依次错开 2 m 为宜。

“各工作面”前应加上介词“以”，以与“为宜”相匹配。改为：

工作面不宜同时开挖，结合本工程实际情况，以各工作面依次错开 2 m 为宜。

(19)计算效率取决问题本身的复杂程度。

缺表示引进对象的介词。改为：

计算效率取决于问题本身的复杂程度。

(20)通常由患者自己填表，但文盲、老年视力下降者可帮助填写。

缺表示引进动作行为的对象的介词。改为：

通常由患者自己填表，但对于文盲、老年视力下降者，可帮助填写。

(21)鼻咽癌患者在进行靶区勾画时，单纯依靠 CT 上很难对临床靶体积和周围正常组织进行界定，从而成为影响精确放疗效果的重要因素之一。

句首缺表示引进动作行为的对象的介词，“鼻咽癌患者”就是主语，往后看它不是主语；此外，还有别的语病。改为：

对鼻咽癌患者进行靶区勾画时，单纯依靠 CT 很难对临床靶体积和周围正常组织进行界定。这已成为影响精确放疗效果的重要因素之一。

(22)作者在文献[3]给出了闭环传递函数。

缺方位名词“中”做介词宾语。改为：

作者在文献[3]中给出了闭环传递函数。

(23)经传感器转换和前置放大的水声信号，由于环境、传感器、放大器、传输导线的噪声影响，往往会含有多种频率成份的噪声信号，严重时这些噪声信号会淹没待提取的水声信号。

句首短语缺介词“在”(省略了)的宾语“中”；此外，还有别的语病，并有别字。改为：

在经传感器转换和前置放大的水声信号中，由于环境、传感器、放大器、传输导线噪声的影响，往往会含有多种频率成分的噪声信号，严重时这些噪声信号会淹没待提取的水声信号。

(24)通过 HCl 溶液修饰储氢合金，研究发现 HCl 修饰可以提高合金电极的初始放电容量。

介词“通过”缺宾语，“HCl 溶液”缺介词。改为：

通过用 HCl 溶液修饰储氢合金的研究，发现 HCl 修饰可以提高合金电极的初始放电容量。

(25)这两个问题都可在拟多项式时间解决。

介词“在”缺宾语。改为：

这 2 个问题都可在拟多项式时间内解决。

2. 介词与介词宾语不搭配。每个介词都有一定的管辖范围，每个介词宾语都有一定的依靠对象，两者应相互配合，否则会造成语病。例如：

(26)对其“间歇性移动”的特点，我们仅需在需要覆盖的热点地区保证网络的可靠性和移动性即可，而无需考虑网络的城域覆盖能力。

“对”引进动作行为的“对象”，这里应当用表示根据的介词“根据”；此外，“无需”应为“无须”。改为：

根据其“间歇性移动”的特点，我们仅需在需要覆盖的热点地区保证网络的可靠性和移动性即可，而无须考虑网络的城域覆盖能力。

(27)现阶段对于节能发电调度的研究与探讨文献，多数还停留在政策制定与管理方法上。

“对于”引进的是动作行为的对象，而这里应当用引进动作行为涉及的事物的介词“关于”。改为：

现阶段关于探讨节能发电调度的文献，多数还停留在政策制订与管理方法上。

(28)［题名］ AHP 法在河岸发展与河川管理评估方法的研究

介词“在”误用。改为：

基于 AHP 法的河岸发展与河川管理评估方法的研究

(29)欧拉获悉拉格朗日发展了自己所开创的变分法，对等周向问题的解决提供了有效的工具。

不应是“对”“提供”，而应是“为”“提供”。改为：

欧拉获悉拉格朗日发展了自己所开创的变分法，为等周向问题的解决提供了有效的工具。

(30)Yu 等将酶共价结合与垂直定位 SWCNT 阵列的末端，可以作为纳米电极应用。

将介词“于”误用为“与”，使语义不明。改为：

Yu 等将酶共价结合于垂直定位 SWCNT 阵列的末端，可以作为纳米电极应用。

(31)磷对球墨铸铁的脆化有害作用，主要是由于球铁组织中所形成的磷共晶。

介词“由于”使用不当，“有害”多余。改为：

磷对球墨铸铁的脆化作用，主要是由球铁组织中所形成的磷共晶引起的。

(32)根据信号检测理论可知，信号的检测概率依赖于信噪比，故而信噪比的增加可大大提高告警设备的检测性能。

“根据”引进动作行为的依据，而“由”才引进凭借、依据的对象。改为：

由信号检测理论可知，信号的检测概率依赖于信噪比，故而信噪比的增加可大大提高告警设备的检测性能。

(33)根据数量遗传学基本理论可知，不论是质量性状，数量性状，还是阈性状，均服从遗传基本规律。

“根据”引进动作行为的依据，而“由”才引进凭借、依据的对象。改为：

由数量遗传学基本理论可知,不论是质量性状,数量性状,还是阈性状,均服从遗传基本规律。

(34)该基因在猪中尚未有报道。

“在……”表示处所,“对于”才引进动作行为的对象。改为:

对于猪该基因尚未见报道。

(35)在人上,它已成为临床上治疗男性不育的重要手段,在世界上得到广泛的应用。在动物上,这项技术也被用于那些有特殊遗传价值或经济价值的精子。

“在……”表示处所,“对于”才引进动作行为的对象。改为:

对于人,它已成为临床上治疗男性不育的重要手段,在世界上得到广泛的应用。对于动物,这项技术也被用于那些有特殊遗传价值或经济价值的精子。

(36)近20年来,这种制剂对肠道微生物区系以及健康状态发挥了有效的作用,尤其在猪上。

“在猪上”,介词与其宾语不搭配。改为:

近20年来,这种制剂对肠道微生物区系以及健康状态发挥了有效的作用,尤其对于猪。

(37)在附植前的小鼠胚胎几个发育阶段,都可以检测到细胞特定阶段抗原-1(SSEA -1)的存在,在小鼠和猪也已报道了SSEA -1表达在迁移前和迁移后的原始生殖细胞。

“在小鼠和猪”,介词与其宾语不搭配。改为:

在附植前的小鼠胚胎几个发育阶段,都可以检测到细胞特定阶段抗原-1(SSEA -1)的存在,对于小鼠和猪也已报道了SSEA -1表达在迁移前和迁移后的原始生殖细胞。

(38)本刊自创刊以来,对促进教学和激发中学生学习兴趣,提高学习成绩方面起了积极和有益的作用。

不应是“对……方面”,改为:

本刊自创刊以来，在促进教学和激发中学生学习兴趣，提高学习成绩方面起了积极和有益的作用。

（39）本文在一台带有全可变气门机构的HCCI汽油发动机上，通过试验手段，探寻进、排气门参数的控制方法，并对基于内部废气再循环汽油机HCCI燃烧模式条件下过渡工况过程中气门参数的控制策略进行初步探讨。

“在”在此表示引进动作行为有关的处所，而行为的发出者是“本文（作者）”，作者怎么能在发动机上干什么呢？改为：

本文对一台带有全可变气门机构的HCCI汽油发动机，通过试验手段，探寻进、排气门参数的控制方法，并对基于内部废气再循环汽油机HCCI燃烧模式条件下过渡工况过程中气门参数的控制策略进行初步探讨。

3. 不必要用而用了介词。例如：

（40）对于开发焦炉煤气直接还原工艺，在技术上是可行的。

有了“对于”，使句子缺主语。改为：

开发焦炉煤气直接还原工艺，在技术上是可行的。

（41）根据这项失眠患者调查结果显示，在失眠者中，11点以后的晚睡者占到34.2%。

有了介词“根据”，使这个句子没有了主语。改为：

这项失眠患者调查结果显示，在失眠者中，11点以后的晚睡者占到34.2%。

或改为：

根据这项失眠患者调查结果，在失眠者中，11点以后的晚睡者占到34.2%。

（42）根据国际贸易中心（ITC）的一份研究报告透露，有机食品已成为一项大宗贸易，其增速非其他食品可比，如美国有机食品市场自1989年以来一直以20%的速度快速增长，成为全球最大的有机食品市场。

有了介词“根据”,使这个句子没有了主语。改为:

国际贸易中心(ITC)的一份研究报告透露,有机食品已成为一项大宗贸易,其增速非其他食品可比,如美国有机食品市场自1989年以来一直以20%的速度快速增长,成为全球最大的有机食品市场。

或改为:

根据国际贸易中心(ITC)的一份研究报告,有机食品已成为一项大宗贸易,其增速非其他食品可比,如美国有机食品市场自1989年以来一直以20%的速度快速增长,成为全球最大的有机食品市场。

(43)据国家统计的数据显示,2006年中国全国城镇人口5.770 6亿,占全国总人口比重43.9%,城市化水平比2002年提高4.8%。

删去“据”,或保留“据”而删去“显示”;此外,“5.770 6亿”中小数点后的位数较多,不便阅读。改为:

国家统计的数据显示,2006年我国城镇人口5亿7 706万,占全国总人口的43.9%,城市化水平比2002年提高4.8%。

或改为:

据国家统计的数据,2006年我国城镇人口5亿7 706万,占全国总人口的43.9%,城市化水平比2002年提高4.8%。

(44)由于摩擦发热,使摩擦表面温度升高。

多用了“由于”,使句子缺主语。删去“由于”,“摩擦发热”便成为主语;或者保留“由于”,将“使”改用无主语动词“使得”(见吕叔湘先生主编的《现代汉语八百词》)。改为:

摩擦发热,使摩擦表面温度升高。

或改为:

由于摩擦发热,使得摩擦表面温度升高。

(45)自20世纪后期以来,由于电子信息、航空航天等尖端技术的迅速发展,对新材料的研究与开发起到了很大的刺激和促进作用。

多用了“由于”,使句子缺主语。删去“由于”,“电子信息、航空航天等尖端技术的迅速发展”便成了主语。改为:

自20世纪后期以来,电子信息、航空航天等尖端技术的迅速发展,对新材料的研究与开发起到了很大的刺激和促进作用。

(46)由于这些因素的综合作用,使西二旗的评价值较低。

改为:

这些因素的综合作用,使西二旗的评价值较低。

或改为:

由于这些因素的综合作用,使得西二旗的评价值较低。

(47)由于进口增幅和消费增幅不能完全平衡,使年末库存增加到90.1万t,库存消费比达到17.15%,为15年来的新高。

改为:

进口增幅和消费增幅不能完全平衡,使年末库存增加到90.1万t,库存消费比达到17.15%,为15年来的新高。

或改为:

由于进口增幅和消费增幅不能完全平衡,使得年末库存增加到90.1万t,库存消费比达到17.15%,为15年来的新高。

(48)随着现代制造业的发展,对数控机床提出了更高的要求,精密、超精密以及纳米加工成为发展方向。

“随着”删去,句子才有主语。改为:

现代制造业的发展,对数控机床提出了更高的要求,精密、超精密以及纳米加工成为发展方向。

(49)随着人们逐渐了解抗性淀粉对人类健康的重要意义,使抗性淀粉在将来的健康饮食中具有广阔的市场前景。

有了“随着”,句子就没有主语。改为:

人们逐渐了解抗性淀粉对人类健康的重要意义,使抗性淀粉在将来的健康饮食中具有广阔的市场前景。

或改为：

随着人们逐渐了解抗性淀粉对人类健康的重要意义，抗性淀粉在将来的健康饮食中具有广阔的市场前景。

(50)随着工业发展和人口增多，致使水体污染日益严重。

改为：

工业发展和人口增多，致使水体污染日益严重。

或改为：

随着工业发展和人口增多，水体污染日益严重。

(51)这种安排从目标定位上产生了一个难题，即它应当面向于所有的高中学生还是面向一部分打算往理科方向发展的学生？

“面向”是及物动词，后面无须加介词“于”。改为：

这种安排从目标定位上产生了一个难题，即它应当面向所有的高中学生还是面向一部分打算往理科方向发展的学生？

1.4　连词使用不当

把2个或2个以上的词、词组、句子或句组连接起来的词叫连词。其中：连接词或词组的叫词连词，一般叫连词；而连接句子或句组的叫句连词，又叫关联词，有的关联词是成套的(如因为……所以……)，所以也叫关联词语。

词连词使用不当或缺连词

词连词使用不当，会造成语病。例如：

(1)传统的热处理使食品的颜色、香气和风味和营养成分损失很大。

同一联合词组中连续使用2个“和”，修辞效果不好，而且，第2个“和”的前后不是同一类词语，用“和”连接，不妥。改为：

传统的热处理使食品的颜色、香气、风味以及营养成分损失很大。

请注意：“以及”这个连词，有它的特殊用法。

“以及”表示联合关系，连接并列的名词、动词、介词词组和分句，更多地用于以下场合。

第一，并列项有主次轻重之分，前面的是主要的。例如：

拖拉机、联合收获机，以及各种小农具

第二，并列项有时间先后之别。例如：

至于分不分区，以及如何分区，都需要在对调查资料进行全面分析后作出决定。

第三，所连接的事物分为2类。例如：

工业、农业，以及科学技术

数学、物理学、化学、生物学，以及人文科学

下面，比较“以及、及、和”用法上的异同。

其一，“及”只能连接名词性成分。

其二，“以及”前能停顿，“及”不能。例如：

钢铁、煤炭、石油，以及纺织、造纸等工业部门

钢铁、煤炭、石油及电力工业部门

其三，“及”后可以用“其”，“以及”后可以用“其他”。例如：

微型电子计算机及其应用

粮食、植物油、禽蛋以及其他农副产品

其四，“以及、及”所连接的常常前边是主要的，后边是次要的。

其五，“以及”可以连接分句，“及、和”则不能。例如：

本文要回答的问题是：仿真模型如何建立，约束条件如何选定，模型参数如何计算，以及计算结果如何验证，等等。

(2)对跨越我国三大海峡——琼州海峡、渤海海峡以及台湾海峡的海底隧道建设问题也正在热烈讨论。

“琼州海峡”“渤海海峡”“台湾海峡”是同类的，无须用“以及”。改为：

对跨越我国三大海峡——琼州海峡、渤海海峡和台湾海峡的海底

隧道建设问题也正在热烈讨论。

或改为：

对跨越我国三大海峡——琼州海峡、渤海海峡及台湾海峡的海底隧道建设问题也正在热烈讨论。

(3)目前对于泥沙测量的方法主要有：振动法、光电法、γ射线法、超声法、以及激光法。

“以及”前后是同类的词语，用“以及”连接，不妥；此外，“以及”之前也不能用顿号，这里，冒号也是多余的。改为：

目前泥沙测量方法主要有振动法、光电法、γ射线法、超声法和激光法。

(4)操作中采用预混液，提高工作效率并使样品均匀一致。

“提高工作效率并使样品均匀一致”前缺表示引进动作行为的原因的连词“以”，改为：

操作中采用预混液，以提高工作效率并使样品均匀一致。

(5)控制系统变得复杂的同时也对可靠性提出了更高要求，因此，控制实现趋向于综合利用这些冗余，提高系统的综合性能。

“提高系统的综合性能”前缺表示引进动作行为的原因的连词“以”，改为：

控制系统变得复杂的同时也对可靠性提出了更高要求，因此，控制实现趋向于综合利用这些冗余，以提高系统的综合性能。

(6)开展新生儿听力筛查，是一项社会意义重大的优生工程，为尽早发现先天性听力障碍，及时进行有效干预，最大限度地提高听力障碍患儿的语言、认识和交往能力。

“最大限度地提高”前缺连词“以”；此外，还有别的语病。改为：

开展新生儿听力筛查，是一项社会意义重大的优生工程，可以尽早发现先天性听力障碍，及时进行有效干预，以最大限度地提高听力障碍患儿的语言、认识和交往能力。

(7)[层次标题]

2　湖洲高效生态农业模式原理设计

漏掉连词,造成意思不对:“原理”怎能“设计”?改为:

2　湖洲高效生态农业模式原理与设计

关联词语使用不当

关联词语能表示句子之间的各种逻辑关系。常用的关联词语及其表示的逻辑关系如下。

1)并列关系:既……又……,也,不是……而是……,一方面……另一方面……

2)连续关系:便,就,又,再,于是,后来,接着,然后

3)选择关系:或者(或,或是),不是……就是……,要么……要么……,与其……不如……,宁可……也(决)不……

4)递进关系:不但(不仅)……而且……,不但……还(也,又,更)……,不但……反而(反倒)……

5)假设关系:如果(假如,假使,假设,要是,若,倘若)……那么(则,就)……,即使(尽管,就算,纵使,哪怕)……也(仍然,还是)……

6)目的关系:为了,为,以便,以免,免得,以利于

7)转折关系:虽然(虽,尽管,固然)……但是(但,可是,却)……,不过,只是,却,可是,而

8)条件关系:只要……就……,只有……才……,除非……才……,无论(不管,不论,任凭)……都(也,还)……

9)因果关系:因为(由于)……所以(因此,因而)……,之所以……是因为(是由于)……,既然……就(便,则,那么)……

关联词语使用不当,主要有以下几种情况。

1. 该用关联词的地方而未用。例如:

(1)该病原物对飞蝗有较强的致死能力,田间使用微孢子虫治蝗是有可能的。

此为因果复句，后一分句前应加上“因此”，前后分句的逻辑关系才表达得清楚。改为：

该病原物对飞蝗有较强的致死能力，因此，田间使用微孢子虫治蝗是有可能的。

(2)高龄患者常缺乏典型的症状，临床中对冠心病的漏诊率和误诊率较高，同时往往合并多种疾病，高龄患者的冠心病是否需要积极的治疗以及介入治疗也一直存在争议，因此对高龄患者心脏事件风险评价对临床治疗工作有重要指导意义。

缺少关联词语，同时“一逗到底”，导致整句逻辑关系不清晰；此外，还有别的语病。改为：

由于高龄患者常缺乏典型的症状，所以，临床上对其冠心病的漏诊率和误诊率较高；同时，因为高龄患者往往合并多种疾病，所以，高龄患者的冠心病是否需要积极的治疗以及介入治疗也一直存在争议；因此，高龄患者心脏事件的风险评价对于临床治疗工作有重要的指导意义。

(3)地震云是非气象学中云体分类的一种预示地震的云体，在国际上的研究还较为表面，至今没有一个共同的观点，日本和中国民间有较多爱好者对它进行研究、探索。

前面讲国际上对地震云的研究还比较表面，没有形成共同的观点，后面讲日本和中国对它进行过研究。显然，前后有“转折”的逻辑关系，应当用关联词；此外，“进行研究”后缺动态助词“过”。改为：

地震云是非气象学中云体分类的一种预示地震的云体，在国际上的研究还较为表面，至今没有一个共同的观点，而日本和中国民间有较多爱好者对它进行过研究与探索。

2. 不该用而用了关联词语。例如：

(4)中国网通的“宽带奥运”计划并不仅限于在奥运场馆这一局部为奥运会提供优质服务，而是着眼于提升公司整体服务能力，从而在更高层次上实现高水平的奥运服务。

“不仅限于”与“不限于”是有区别的：前者中“不仅”是关联词，而后者“不”是副词。此外还有别的语病。改为：

中国网通的“宽带奥运”计划并不限于在奥运场馆这一局部为奥运会提供优质服务，而是着眼于提升公司的整体服务能力，从而在更高层次上实现高水平的奥运服务。

3. 未注意成套关联词语的呼应。例如：

(5)处于防空态势下，中国编队无论是巡航和礁盘附近驻泊，一直保持防空间隔和队形。

“无论”与“和”不是一套。改为：

处于防空态势下，中国编队无论是巡航还是在礁盘附近驻泊，一直保持防空间隔和队形。

(6)乳腺癌患者在确诊时即使已发现骨髓中微转移瘤细胞，但只有50%的患者5年后出现临床转移。

“即使……也”表示假设关系，“虽然……但(是)……”表示转折关系，句中“即使”与“但”不是一套；此外，语序也不对。改为：

在确诊时，即使已发现乳腺癌患者的骨髓中有微转移瘤细胞，也只有50%的患者5年后出现临床转移。

(7)要知道产业链的各环节无论终端层面、软件系统或者应用都需要依靠核心技术和创意专利来保障其相对的领先和垄断性。

“无论……还(是)……”表示条件关系，与表示选择关系的“或者”不是一套。改为：

要知道产业链的各环节无论终端层面、软件系统还是应用都需要依靠核心技术和创意专利来保障其相对的领先和垄断性。

(8)在设备安装过程中，不论是零部件的联接，或是将机器固定在基础上，均要采用各种规格的坚固螺栓。

“不论”与“或是”不是同一套关联词语；此外，“联接”宜用“连接”，“坚固”应为“紧固”。改为：

在设备安装过程中，不论是零部件的连接，还是将机器固定在基础上，均要采用各种规格的紧固螺栓。

(9)不管是平台式系统，或者是捷联式系统；不管是本地水平指北坐标系、切平面坐标系及游移方位坐标系，或者是空间稳定坐标系，都可以用下列形式的非线性随机微分方程描述。

“不管”与“或者”不是一套关联词语；此外，这里无须用分号。改为：

不管是平台式系统还是捷联式系统，不管是本地水平指北坐标系、切平面坐标系及游移方位坐标系，还是空间稳定坐标系，都可以用下列形式的非线性随机微分方程描述。

(10)它不仅使剪辑工作简单易行，并且极大的丰富了影视视觉语言。

“不仅……而且……”表示递进关系，“不仅”与表示并列关系的“并且”不是一套；还有别的语病。改为：

它不仅使剪辑工作简单易行，而且极大地丰富了影视视觉语言。

(11)它不但阻碍磨削生产效率的提高，并且对工件表面质量和使用性能影响较大。

“不但”与“并且”不是一套，改为：

它不但阻碍磨削生产效率的提高，而且对工件表面质量和使用性能影响较大。

(12)一方面要对目标市场的投资环境、政治风险、经济风险、市场风险进行认真细致的考察，项目实施后母公司还要加强对子公司的监督和对投资效益的评估，以及对投资战略的进一步调整。

“项目实施后”前边加上“另一方面，”。改为：

一方面要对目标市场的投资环境、政治风险、经济风险、市场风险进行认真细致的考察，另一方面，项目实施后母公司还要加强对子公司的监督和对投资效益的评估，以及对投资战略的进一步的调整。

4. 省去了成对使用的关联词的后一个。成对使用的关联词语，有时可以省去其中一个；但是，只能省去前一个，而不能省去后一个，如"因为"可以省去，"所以"不能省去，"虽然"可以省去，"但是"不能省去。不注意这条规则就会出现语病。例如：

(13) 手不但功能复杂，亦是类似面部的体现美观的重要功能部位，通常情况下不易被穿着的衣服遮挡。

"不但"之后的"而且"不能省去。改为：

手不但功能复杂，亦是类似面部的体现美观的重要功能部位，而且通常情况下不易被穿着的衣服遮挡。

(14) 这一产品类似于集成电路，不但可以期望应用于研发生物传感器，对于今后实现高通量检测有着现实意义。

"不但"后面缺"而且"，按意思，可以不要关联词语；此外，还有别的语病。改为：

这一产品类似于集成电路，有望应用于研发生物传感器，对于实现高通量检测有着现实意义。

(15) 假设复合介质各组成部分的应力相同，注浆圈计算参数取复合介质等效弹性模量的下限，计算公式[10]为

$$\times = \times \times \times \tag{3}$$

"计算公式"前应加上"则"，以与前面的"假设"相呼应。改为：

假设复合介质各组成部分的应力相同，注浆圈计算参数取复合介质等效弹性模量的下限，则计算公式[10]为

$$\times = \times \times \times \tag{3}$$

(16) 这虽然尚不能减低至与假手术组相同的水平，说明雌激素缺乏能显著增加血小板的聚集功能，使血小板活化。

前面有"虽然"，后面不能没有"但是"。改为：

这虽然尚不能减低至与假手术组相同的水平，但能说明雌激素缺乏能显著增加血小板的聚集功能，使血小板活化。

(17)《火攻挈要》中虽然附有化铜炉示意图(图4),并不准确。

"虽然"后缺"但(是)"。改为:

《火攻挈要》中虽然附有化铜炉示意图(图4),但描绘并不准确。

或改为:

《火攻挈要》中所附化铜炉示意图(图4),并不准确。

(18)在中国,直接还原工艺的研究开发虽然进行了数十年,目前仍未形成一定的规模。

"虽然"后缺"但(是)"。改为:

在中国,直接还原工艺的研究开发虽然进行了数十年,但目前仍未形成一定的规模。

(19)没有采用建设单位原要求的四管制,采用两管制配管制式。

缺关联词。改为:

没有采用建设单位原要求的四管制,而是采用两管制配管制式。

(20)尽管各层次、各类型实验课程的教学侧重点不同,必须明确实践能力和创新能力培养是整个实验教学工作的主轴。

缺关联词,改为:

尽管各层次、各类型实验课程的教学侧重点不同,也必须明确实践能力和创新能力培养是整个实验教学工作的主轴。

(21)一些医学信息机构没有独立网站,只能通过省市卫生厅、卫生局的网站(或卫生科研管理网站)发布本单位查新的部分信息,很难找到与查新服务相关的内容,即使能找到,其内容少且简单……

成套关联词语"即使……也……"中的"也"不能省略,改为:

一些医学信息机构没有独立网站,只能通过省市卫生厅、卫生局的网站(或卫生科研管理网站)发布本单位查新的部分信息,很难找到与查新服务相关的内容,即使能找到,其内容也少且简单……

(22)让你不再为导航性能差、地图不完善等烦恼。

"为……而……"这套关联词语中缺后一个关联词"而",改为:

让你不再为导航性能差、地图不完善等而烦恼。

(23) 此次活动的评委评价说,“天语”无论从立意、品位、可传播性上看,都和这款全新中级车的全功能进化型的产品定位非常贴切。

“无论……还是……”是一套关联词语,后一个不能省。改为:

此次活动的评委评价说,“天语”无论从立意、品位还是从可传播性上看,都和这款全新中级车的全功能进化型的产品定位非常贴切。

(24) 虽然这只是一款 3 系入门级车型,但是,无论从安全、做工、配置、动力、操控等各方面而言,都可以让大多数人心满意足了。

“无论”后缺“还是”。改为:

虽然这是只一款 3 系入门级车型,但是,无论从安全、做工、配置、动力,还是从操控等各方面而言,都可以让大多数人心满意足了。

(25) 因为羊毛表面有鳞片、不光滑,羊毛纤维经整理剂处理后,在羊毛不光滑的表面形成机械锁结的界面结合。

“所以”省去了,就不知道结果分句起于何处。改为:

因为羊毛表面有鳞片、不光滑,所以,羊毛纤维经整理剂处理后,在羊毛不光滑的表面形成机械锁结的界面结合。

(26) 由于 ISAR 识别技术在目前条件下难度较大,基于 HRRP 的雷达目标识别已成为研究的热点。

光有“由于”,后面没有“所以”。改为:

由于 ISAR 识别技术在目前条件下难度较大,所以,基于 HRRP 的雷达目标识别已成为研究的热点。

(27) 因为银杏花单性,雌雄异株,开花后主要靠风力传粉。

光有“因为”,后面没有“所以”。按文意,改为:

因为银杏花单性,雌雄异株,所以,开花后主要靠风力传粉。

1.5　结构助词“的、地、得”使用不当

“的”“地”“得”都是结构助词,读音也相同,但用法各异:

的——附在词或词组后边，表示其前面为定语，如“分析的结果”；

地——附在词或词组后边，表示其前面为状语，如“有分析地说明”；

得——附在动词或形容词后边，表示其后面为补语，如“分析得有道理”。

“的”“地”“得”使用不当，指该用三者中的这一个，而用了另一个，造成语病。例如：

(1)中高速行驶时依然能感觉到源源不断地推力。

改为：

中高速行驶时依然能感觉到源源不断的推力。

(2)都是颜色惹得祸。

改为：

都是颜色惹的祸。

(3)另外，在研究 Sobolev 迹嵌入定理中的最佳常数时，会很自然的遇到这类问题。

改为：

另外，在研究 Sobolev 迹嵌入定理中的最佳常数时，会很自然地遇到这类问题。

(4)可以方便的对无线用户采用单独的计费政策。

改为：

可以方便地对无线用户采用单独的计费政策。

(5)同时，弯道中较小的侧倾并不会过多的影响到乘坐的舒适性。

改为：

同时，弯道中较小的侧倾并不会过多地影响到乘坐的舒适性。

(6)两者的外形都无一例外的恪守了传统。

改为：

两者的外形都无一例外地恪守了传统。

(7)企业与员工的关系,决不能简单的看成只是雇佣关系。

改为:

企业与员工的关系,决不能简单地看成只是雇佣关系。

(8)重组人粒细胞集落刺激因子(rhG-CSF)已经广泛的应用于肿瘤化疗后的骨髓抑制。

改为:

重组人粒细胞集落刺激因子(rhG-CSF)已经广泛地应用于肿瘤化疗后的骨髓抑制。

(9)相应的,显微应变随晶粒减小,先急剧上升,后随球磨时间的延长逐渐趋缓,最后也趋于某一定值。

改为:

相应地,显微应变随晶粒减小,先急剧上升,后随球磨时间的延长逐渐趋缓,最后也趋于某一定值。

(10)每到下午就痛的昏昏沉沉。

改为:

每到下午就痛得昏昏沉沉。

(11)阈值设定的过高或者过低都可能导致漏判或者误判。

改为:

阈值设定得过高或者过低都可能导致漏判或者误判。

(12)考虑到噪声的影响,这一级的放大倍数选的高一些。

改为:

考虑到噪声的影响,这一级的放大倍数选得高一些。

(13)油门会使加速愿望转化的更快。

改为:

油门会使加速愿望转化得更快。

(14)诠释的淋漓尽致

改为:

诠释得淋漓尽致

(15)一些性格开朗的学生,免疫功能降低得幅度较小,而一些平时孤僻或容易焦躁的学生,其免疫功能降低得幅度较大。

改为:

一些性格开朗的学生,免疫功能降低的幅度较小,而一些平时孤僻或容易焦躁的学生,其免疫功能降低的幅度较大。

不该用而用了结构助词"的",也会造成语病。例如:

(16)20世纪80年代兴起的国际合作,国家可以为这种合作花费巨资,而用于消化技术和自行研制的经费少得可怜。

"……的国际合作"相当于一个名词,放在句首,使它从句子中游离出来,什么成分也不是。改为:

20世纪80年代兴起国际合作,国家为这种合作可以花费巨资,而用于消化技术和自行研制的经费却少得可怜。

1.6 数量词误用

数量词误用常见的有下列几种情况。

1. 约数不明确。把表示约数的词语重复一下,从而造成语病。例如:

(1)大约8 GPa左右

"大约"与"左右",只用其一。改为:

大约8 GPa

或改为:

8 GPa左右

(2)约有来自全国26支代表队的270余名运动员参赛。

"约"与"余"不能同时用。改为:

有来自全国26支代表队的270余名运动员参赛。

或改为:

有来自全国 26 支代表队的约 270 名运动员参赛。

2. 定数与约数混在一起，自相矛盾。例如：

(3)共有来自全球 18 个国家的 1 003 余名官员。

“1 003”已是准确值，再用“余名”就相矛盾了。改为：

共有来自全球 18 个国家的 1 003 名官员。

(4)手术整整进行了 2 h 左右。

既是“整整”，就不能用“左右”；有了“左右”，就不能用“整整”。此外，“整整”与“进行”的语序也不对。改为：

手术进行了整整 2 h。(如果是这样的话)

或改为：

手术进行了 2 h 左右。(如果是这样的话)

3. 范围与约数或“大于”“小于”连用，意义不明确。例如：

(5)粒径范围应在 120 ~ 300 nm 左右。

“120 ~ 300”表示的是数值范围，又说“左右”，含义不明。改为：

粒径应为 120 ~ 300 nm。

(6)整个估算时间在 40 ~ 50 ms 左右。

“40 ~ 50”表示的是数值范围，又说“左右”，含义不明。改为：

整个估算时间在 40 ~ 50 ms。

最好改为：

整个估算时间为 40 ~ 50 ms。

(7)直径大约为 500 ~ 1 000 m。

“500 ~ 1 000”表示的是数值范围，又说“大约”，含义不明。改为：

直径为 500 ~ 1 000 m。

(8)当适应亮度大于大约 3 ~ 10 cd/m^2 时，锥状细胞最活跃。

“3 ~ 10”本是一个数值范围，不是确定数，“大约”属多余，应删去。“大于 3 ~ 10 cd/m^2”，是“大于 3 cd/m^2”还是“大于 10 cd/m^2”，还是“大于 3 ~ 10 cd/m^2”中的某一量值，不知作者要表达的到底是哪一个？

有歧义。

4. 至少(最多)不明确。例如:

(9)需要物化投入至少在6 600元以上。

既用"至少",就不能用"以上",因为"至少"与"以上"概念不匹配,"6 600元以上"没有上限。改为:

需要物化投入至少6 600元。

(10)结节最大直径为0.9~4.0 cm。

最大值不应是范围,而应是准确值。改为:

结节直径为0.9~4.0 cm。

或改为:

结节最大直径为4.0 cm。

5. 用倍数表示降低或减少,不合逻辑,或者"倍"计算出错。例如:

(11)其检测限降低了500倍。

改为:

其检测限降到原来的1/500。

(12)研究者估计经由SWCNT到电极表面的电子转移速率为4 100 s^{-1},这比Gox的活性位点到天然O_2电子受体的电子转移速率(700 s^{-1})高六倍。

4 100 s^{-1} ÷ 700 s^{-1} = 5.8,前者是后者的约6倍,即前者比后者约高5倍;此外,括号应当删去,以保持写法统一。改为:

研究者估计经由SWCNT到电极表面的电子转移速率为4 100 s^{-1},这比Gox的活性位点到天然O_2电子受体的电子转移速率700 s^{-1}约高5倍。

6. 未按名词的要求选择量词。量词,我们又称之为计数单位(相对物理量单位而言)。其使用要求是:应根据名词的要求来选取合适的量词,即量词应当与名词的意义搭配,这样才符合语言习惯;同时要用普通话,而不用口语和地方话。不注意这一点,便容易产生语病。

例如：

(13)每个作物仅有180个用工日。

“作物”的量词不是“个”，改为：

每种作物仅有180个用工日。

(14)这个车队有公共汽车390部。

“汽车”的量词不是“部”，改为：

这个车队有公共汽车390辆。

(15)在他的倡导下，1962年出版了国内第一本《脑血管疾病》。

最好改为：

在他的倡导下，1962年出版了国内第一部脑血管疾病专著《脑血管疾病》。

书名前加上其同位语“脑血管疾病专著”，更显示出该书的价值和重要性。

(16)将结构的透空性和海水的层化性同时加以考虑，是一个突破性的研究，很有实际意义。

“研究”的量词不是“个”，改为：

将结构的透空性和海水的层化性同时加以考虑，是一项突破性的研究，很有实际意义。

(17)这里铺设了一个大的环路光缆。

“光缆”的量词不是“个”，改为：

铺设了一条大的环路光缆。

或改为：

铺设了一个大的光缆环路。

(18)1993年在创建“工人先锋号”十周年的纪念会上，我公司的“工人先锋号”车组有6部受到表彰。

车组计数说“个”而不能说“部”；此外，“我公司”宜写为公司的名称。改为：

1993 年,在创建“工人先锋号”10 周年纪念会上,××公司有 6 个“工人先锋号”车组受到表彰。

(19)当前,有三个主要工作。

“工作”的量词不是“个”,改为:

当前,有 3 项主要工作。

7. 单位用错。例如:

(20)价格低于常见的 1/3 寸 CCD 摄像机。

“寸”是我国的市制单位,与英制单位不是一码事。改为:

价格低于常见的 1/3 英寸 CCD 摄像机。

1.7 联合词组使用不当

地位平等的词构成的词组叫做联合词组。联合词组使用不当常见的问题如下。

1. 并列各项不是同一类词语,或者意义不同类。例如:

(1)本项目的投资巨大,建造工期漫长,而设计施工技术上又十分错综复杂,就工程建设方面的风险而言,有如:政策掌控、市场条件、投资造价、运量预测、环境生态影响、海域自然条件变化以及在工程规划、勘测、设计、施工与日后隧道运营管理中的各种技术风险,都将不可避免地遇到,并在项目实施的全部周期内,各类风险都具有其存在的客观性和随机性。

并列词组中,“政策掌控”“运量预测”“环境生态影响”“海域自然条件变化”是主谓词组,而“市场条件”“投资造价”是名词性词组,词组不同类,不能并列;此外,还有别的语病和点号使用不当的问题。改为:

本项目的投资巨大,建造工期漫长,而设计施工技术又错综复杂。工程建设方面的风险,如政策掌控、市场条件把握、投资造价控制、运量预测、环境生态影响、海域自然条件变化以及在工程规划、勘测、设计、施工与日后隧道运营管理中的各种技术风险，都将不可避免地遇到，同时，在项目实施的全部周期内，各类风险都具有其存在的客观性和随机性。

(2)采用高起点、低投入、长寿命、高效益、成熟、可靠、适用、节能环保的工艺技术……

“高起点”“低投入”“长寿命”“高效益”都是偏正词组，可以并列，但它们与其后的形容词“成熟”“可靠”“适用”等则不能并列。改为：

采用高起点、低投入、长寿命、高效益，而且成熟、可靠、适用和节能、环保的工艺技术……

(3)无空腔、防火隔断和防火保护面层是系统构造防火的3个关键要素。

“无空腔”是动宾结构，而“防火隔断”和“防火保护面层”是名词性偏正词组，三者不能并列。这里把它们并列起来，引起歧义——可理解为“没有空腔”“没有防火隔断”“没有防火保护面层”——这不是作者的本意。改为：

无空腔、有防火隔断和防火保护面层是构造防火系统的3个关键要素。

(4)纳米银颗粒具有比表面积大、吸附能力强、良好的生物相容性等优点，广泛地用于生物大分子的固定。

并列词组不同类：2个是主谓词组，1个是偏正词组。改为：

纳米银颗粒具有比表面积大、吸附能力强、生物相容性好等优点，广泛地用于生物大分子的固定。

(5)目前在打印机中常用的传感器主要有簧片式、热敏电阻式、薄膜压力传感器及光电传感器等形式。

前面2项说的是型式，后面2项说的是“传感器”，不能并列；此外，“形式”应为“型式”。改为：

目前在打印机中常用的传感器主要有簧片式、热敏电阻式、薄膜压力传感器式及光电传感器式等型式。

(6)采用新工艺处理焦化污水动力消耗小、处理仅为6.91元/t、稳定性和可操作性良好。

并列的词组不同类，不能满足逻辑和修辞上的要求。改为：

采用新工艺处理焦化污水动力消耗小、处理费用低(仅为6.91元/t)、稳定性和可操作性良好。

(7)纳米材料具有比表面积大、高扩散性、易烧结性、熔点降低等特性。

并列词组不同类。改为：

纳米材料具有比表面积大、扩散性和烧结性好、熔点低等特性。

(8)推广使用高强钢可显著减少铁塔耗钢，有效节约资源和能源，带来显著的经济和社会效益。

“经济和社会效益”的说法不顺畅，改为：

推广使用高强钢可显著减少铁塔耗钢，有效节约资源和能源，带来显著的经济效益和社会效益。

(9)[列项说明领句]

1)乘客节约时间的效益。……

2)乘客提高舒适度的效益。……

3)客流增加效益。……

列项说明领句最好能做到词组大致同类。

改为：

1)节约乘客时间的效益。……

2)提高乘客舒适度的效益。……

3)增加客流量的效益。……

2. 并列的各项中，出现了一项包含另一项的情况。并列的概念应当是同一级别的，不能把属概念同种概念并列起来，否则就会出现语病。例如：

(10)欢迎相关院校的教师、研究生、研究院所的研究人员、制造企业的技术人员和使用、维修的技术人员,以及建筑、筑路、矿山开采等行业的设备管理人员投稿。

并列项划分不当。“研究生”属于“相关院校”,不能单独做并列项;建房、筑路、架桥等均属于建筑范畴,因此“筑路”不可与“建筑”并列。改为:

欢迎相关院校的师生、研究院所的研究人员、制造企业的技术人员、使用维修单位的技术人员,以及建筑、矿山等行业的设备管理人员投稿。

(11)这也是鸟类对外界生活条件和季节变化的一种适应。

“外界生活条件”包含了“季节变化”,二者不能并列。改为:

这也是鸟类对外界生活条件如季节变化的一种适应。

(12)目前价值工程(简称VE)在国内的应用已进入普及阶段。全国各地区、各行业、机械、纺织、轻工、军工、水电、运输、工、农、商、学、兵、科技、文教、卫生行政事业单位普遍应用结出丰硕之果。有关VE的书籍、教材、论文、经验介绍不断涌现。

“各行业”已经包含了它之后的若干项,“轻工”也包含了“纺织”;最后一句中“书籍”当然包含“教材”。这些都并列在一起,违背了“地位平等的才能并列”这一逻辑规则。改为:

目前价值工程(简称VE)在国内的应用已进入普及阶段。有关VE的专著、论文、教材和经验介绍文章不断涌现,全国各地区、各行业、各工业部门,以及各行政、事业单位都在普遍应用,结出了丰硕之果。

(13)近些年来,报刊和杂志的编校质量都有很大提高。

“报刊”中的“刊”指“期刊”,“杂志”也叫“期刊”。“报刊”已经包含“杂志”,所以“报刊”不能与“杂志”并列。改为:

近些年来,报刊的编校质量都有很大提高。

或改为：

近些年来，报纸和杂志的编校质量都有很大提高。

（14）请广大专家、学者和作者不吝赐稿。

“作者”中既有专家、学者，也有不是专家、学者，三者不能并列。似可改为：

请广大专家、学者以及其他作者不吝赐稿。

（15）中老年人、衰老者、糖尿病和慢性肾衰者，均可能发生这种疾病。

“中老年人”已经包括“衰老者”，并列项不合乎逻辑关系。改为：

中老年人，以及糖尿病人和慢性肾衰者，均可能发生这种疾病。

3. 复指用语使用不当。主要指并列的各项未包括在类义词当中。类义词，指表示同一类事物的共同意义的词，为属概念。如果类义词包括不了并列的各项，或者它并不是并列各项的类义词，就会产生语病。例如：

（16）在我国，云南、贵州、广西、广东、山东、福建、香港、台湾等省均受到了银胶菊的入侵和危害。

其中“广西”不是省，而是自治区，“香港”也不是省，而是特区；所以，类义词“省”未包含并列的各项。改为：

在我国，云南、贵州、广西、广东、山东、福建、香港、台湾等省区均受到了银胶菊的入侵和危害。

（17）它分布于甘肃、西藏等省。

“西藏”不是省，是自治区。改为：

它分布于甘肃、西藏等省区。

（18）近年来，原液着色腈纶得到了进一步的发展。但目前仅有英国、美国、德国、意大利、日本等几家公司初步掌握了该技术，上海石化股份有限公司腈纶部目前已具备批量生产多种色谱原液着色腈纶的能力。

“几家公司”不是“英国、美国、德国”等的类义词；此外，还有别的语病。改为：

近年来，原液着色腈纶得到进一步的发展；但目前仅有英国、美国、德国、意大利、日本等国的几家公司初步掌握了该技术，上海石化股份有限公司腈纶部目前也已具备批量生产多种色谱原液着色腈纶的能力。

第 2 章　成分残缺

成分残缺，指句子里缺少某个必要的成分。科技论文中经常出现的这种语病是主语残缺、谓语残缺和宾语残缺，其他成分残缺的语病也有一些。

2.1　主语残缺

在现代汉语中，有些句子是没有主语，也不必要有主语的，这些句子叫做无主语句。无主语句有如下 3 种。

1）存在句。其结构形式为：状语 + 谓语动词 + 宾语。例如：

式(2)中有 x 和 y 这 2 个未知数。

在贝氏体晶粒内发生了某些碳化物颗粒的聚集和溶解。

2）泛指句。由于不必要交代事情具体是谁做的，就无必要写出施动者；当然，如果需要，也可以补充出主语。例如：

1820 年发现了电流的磁效应。

3）祈使句。一般没有主语。例如：

请注意该曲线上的拐点。

另有一些句子，其主语可以按一定的省略主语的方式予以省略，这些句子叫做省主语句。

省主语的方式有如下 4 种。

1）主承前主。前后分句的主语相同时，后一分句把前一分句的主语承接过来做主语，而主语被省略。例如：

水压机是该系统的主要设备，是我国自行设计的。

2）主语蒙后。前后分句的主语相同时，前一分句的主语可以蒙后省去。例如：

如果装上调节器，磁电机就能正常工作。

3）主承主定。后一分句的主语与前一分句主语的定语相同时，后一分句的主语可以省略。例如：

种子的湿度合适，贮藏中才不会霉烂变质。

4）主承主宾。后一分句的主语与前一分句的宾语相同时，后一分句的主语可以省去。例如：

烟草中含有生物碱，多为3-吡啶衍生物。

5）有条件的自述省主。对于科技论文，还可采取“自述省主”的方式，把“我们”“笔者”“本文”等省去，但应以不致引起误解，读者很容易想到或补充出主语为前提。例如：

在培养条件相同的情况下，每隔 24 h 我们测定 1 次酶活性。

从图 2 我们可以看出，镀层为非晶组织。

此 2 例中“我们”可以省去。

显然，无主语句和省主语句虽然没有主语，但它们是规范的句子。除此而外，该有主语而没有主语的句子就是主语残缺病句。

主语残缺主要表现在以下 5 个方面。

1. 暗换主语。由于前后照顾不周，中途更换了主语，又不把新的主语写出来，使后面的句子缺主语。例如：

（1）与会者就化学传感器领域各分支的晚近进展进行了讨论，是化学传感器领域的一次重要学术会议。

前一个分句的主语是“与会者”，后一个分句把主语换成了“会议”而未写出，造成“与会者”是“会议”的逻辑错误。改为：

与会者就化学传感器领域各分支的晚近进展进行了讨论，这次会议是化学传感器领域的一次重要的学术会议。

（2）……因此，机场相关部门应与驻地政府（城市规划局）建立良好的协调关系并达成协议，凡在机场净空范围内建设高大建筑物时应及时将有关情况通报机场相关部门，军用机场管理单位应依据机场净空管理规定及时答复地方相关部门。

这是一个由3个分句组成的复句。第1个分句的主语是“机场相关部门”（指军用机场管理单位），而写第2个分句时把陈述对象换成了“建设单位”（指地方单位），却没有把它写出来，使第2个分句主语残缺。改为：

……因此，机场相关部门应与驻地政府（城市规划局）建立良好的协调关系并达成协议：凡在机场净空范围内建设高大建筑物时，建设单位应及时将有关情况通报机场相关部门，军用机场管理单位应依据机场净空管理规定及时答复地方相关部门。

（3）在8辆展车中，除了传统柴油机动力外，搭载天然气发动机的车辆吸引了不少用户的关注，并纷纷向销售人员询问续驶里程，如何加气等问题。

前一个分句的主语是“搭载天然气发动机的车辆”，写后一分句“并纷纷向销售人员询问续驶里程，如何加气等问题”时却将主语换成了“不少用户”，但未写出来，使后一分句缺主语。改为：

在8辆展车中，除了以传统柴油机为动力的车辆外，装有天然气发动机的车辆吸引了不少用户的关注，他们纷纷向销售人员询问续驶里程，如何加气等问题。

2. 滥用介词，淹没主语。这类句子本来是有主语的，但由于把全句的主语置于做状语的介词词组中，原有的主语被“淹没”了。例如：

（4）在市场供求关系变化和市场主体竞争博弈等多种不确定因素的影响下，往往会导致目前设计的电力市场运营规则在节能减排效果上具有不确定性。

“往往会导致……”的主语被淹没。改为：

市场供求关系变化和市场主体竞争博弈等多种不确定因素的影响，往往会导致目前设计的电力市场运营规则在节能减排效果上具有不确定性。

(5)由于盾构法的特点已成为我国地铁隧道施工中一种重要的施工方法。

什么"已成为"未予交代。改为：

盾构法由于它特有的优点，已成为我国地铁隧道建设中一种重要的施工方法。

(6)随着聚乙烯的工程化改性和交联改性的日益增多，对聚乙烯的热稳定性也不断提出新的要求。

缺主语。改为：

由于聚乙烯的工程化改性和交联改性的日益增多，使得对聚乙烯的热稳定性也不断提出新的要求。

(7)随着组织培养技术的不断成熟，为新疆雪莲快速繁殖和种质资源的保存提供了行之有效的途径。

"随着"删去，句子便有了主语。改为：

组织培养技术的不断成熟，为新疆雪莲快速繁殖和种质资源的保存提供了行之有效的途径。

(8)随着调强放疗技术在临床上的应用，已显示出良好的疗效和前景。

"谁"显示出未说出来。改为：

在临床上应用的放疗技术，已显示出良好的疗效和前景。

(9)据何卫红[1]研究表明，东攀剖面深水相生物放射虫呈现出明显的阶梯性绝灭模式。

删去介词"据"，改为：

何卫红[1]的研究表明，东攀剖面深水相生物放射虫的绝灭呈现出明显的阶梯性模式。

其中"研究"即为主语。

或者保留"据"而删去"表明"，改为：

据何卫红的研究结果[1]，东攀剖面深水相生物放射虫呈现出明显的阶梯性绝灭模式。

3. 在介词词组之后用"使""致使"做了句子的谓语动词。动词"使""致使"做全句的谓语时应当有主语，否则造成语病。例如：

(10)在相关平面后处理方面，由于激光器输出功率波动、光学系统本身误差以及SLM器件性能等因素可能引入一些噪声，使相关点的峰值强度随激光器输出功率波动而变化。

"使"改为"使得"，因为"使得"是无主语动词（见吕叔湘先生主编的《现代汉语八百词》），不需要主语。即改为：

在相关平面后处理方面，由于激光器输出功率波动、光学系统本身误差以及SLM器件性能等因素可能引入一些噪声，使得相关点的峰值强度随激光器输出功率波动而变化。

(11)由于既有地铁施工采用放坡方案，且基坑回填多为建筑垃圾，致使钻孔灌注桩与水泥搅拌桩成桩困难。

"致使"应为"使得"，改为：

由于既有地铁施工采用放坡方案，且基坑回填多为建筑垃圾，使得钻孔灌注桩与水泥搅拌桩成桩困难。

4. 随意省略主语。有的文章作者造句时随便把主语省去，对陈述的对象他自己可能明白，但别人是否清楚，他却不管；编辑加工文稿时，也不予纠正：从而产生这种语病。例如：

(12)通过对湖南长沙榔梨220 kV变电站所供配电网络的等值分析，表明该方法是有效的、可行的。

缺主语。改为：

通过对湖南长沙榔梨220 kV变电站所供配电网络的等值分析，结果表明该方法是有效的、可行的。

(13)随着DNA体外分子进货技术的发展，已经能够对植物抗虫基因进行定向改造。

缺主语。改为：

随着DNA体外分子进货技术的发展，人们已经能够对植物抗虫基因进行定向改造。

(14)当换乘站建立衔接，使客流需求与运能达到最佳匹配，避免因换乘接续不及时致使换乘站滞留乘客过多而使系统资源紧张、以及在途列车满载率严重失衡的现象，从而使网络整体的运能利用均衡化。

"使字句"缺主语；还有别的语病。改为：

换乘站建立良好衔接，使客流需求与运能达到最佳匹配，就能避免因换乘接续不及时导致换乘站滞留乘客过多而使系统资源紧张以及在途列车满载率严重失衡的现象，从而使网络整体的运能利用均衡化。

(15)由于缺少与这类抗药性相关的分子标记物，因而限制了有关抗药性的分子与种群遗传研究。

什么"限制了"，未予交代。改为：

由于缺少与这类抗药性相关的分子标记物，因而有关抗药性的分子与种群遗传的研究受到限制。

(16)由图7、图8可以看出，在中性和弱碱性条件下施胶，纸张强度可以明显提高。这归因于在此条件下有利于环氧基开环并与纤维和PVA间形成化学交联结构，也说明制备的两性丙烯酸共聚物在pH值为7～8时应用效果显著。

"这归因于"之后应接主谓结构的宾语，但因主语残缺，导致语病。改为：

由图7、图8可以看出，在中性和弱碱性条件下施胶，纸张强度可以明显提高。这归因于这种条件有利于环氧基开环并与纤维和PVA间形成化学交联结构，也说明制备的两性丙烯酸共聚物在pH值为7～8时应用效果显著。

5. 不适当地自述省主。科技论文中有时可以采用"自述省主"的方式把主语省去，使句子比较简练；但是，"自述省主"用得不当，也会造成语病。例如：

(17)[引言]……为此，主要从提高诊断信息的质量和对未知故障的识别能力等方面出发，分析探讨了几种提高大型复杂机电系统故障诊断质量的新方法。

行为施动者未出现。改为：

……为此，笔者主要从提高诊断信息的质量和对未知故障的识别能力等方面出发，分析探讨了几种提高大型复杂机电系统故障诊断质量的新方法。

6. 词组不完整，造成主语残缺。例如：

(18)红层泥岩能否用作高速铁路路基填料，需要明确2个问题：采用何种施工工艺才能将红层泥岩充分压实？充分压实的红层泥岩土能否满足铁路路堤工后变形和长期稳定性的要求？

“红层泥岩能否用作高速铁路路基填料”不能做这个句子的主语，其前边加上“判定”，使句子成为泛指句子(主语是“人们”，被省略了)，就通顺了；此外，问号用得不对，因那不是疑问句和反问句。改为：

判定红层泥岩能否用作高速铁路路基填料，需要明确2个问题：一个是采用何种施工工艺才能将红层泥岩充分压实；另一个是充分压实的红层泥岩土能否满足铁路路堤工后变形和长期稳定性的要求。

2.2 谓语残缺

谓语是句子的主要成分之一。它说明主语是什么事物，叙述发生了什么事情或出现什么情况，评议某事物应该怎么样、能怎么样，等等。

谓语残缺常常表现为句子中缺谓语动词。例如：

(1)图6五龙山隧道出口右线隧道衬砌厚度等值线图；图7五龙山隧道出口右线隧道衬砌缺陷图。

“图6”“图7”后应加上谓语动词。改为：

图6为五龙山隧道出口右线隧道衬砌厚度等值线图；图7为五龙山隧道出口右线隧道衬砌缺陷图。

或改为：

图6是五龙山隧道出口右线隧道衬砌厚度等值线图；图7是五龙山隧道出口右线隧道衬砌缺陷图。

(2)分析式(12)，当$\varepsilon>0$时，工作点是不稳定的平衡点，从工作点近旁出发的轨线是发散的，但局限于极限环的范围(如图8)；当$\varepsilon<0$时，工作点是稳定的平衡点。

句首的“分析式(12)”与全句无语法结构关系，成了游离成分，原因是缺谓语动词。改为：

从分析式(12)可知：当$\varepsilon>0$时，工作点是不稳定的平衡点，从工作点近旁出发的轨线是发散的，但局限于极限环的范围(如图8)；当$\varepsilon<0$时，工作点是稳定的平衡点。

(3)本研究将漆酶/木聚糖酶和重组木聚糖酶对纸浆进行改性，以提高浆料的打浆性能。

“对纸浆进行改性”前边缺谓语动词“用于”。改为：

本研究将漆酶或木聚糖酶和重组木聚糖酶用于对纸浆进行改性，以提高浆料的打浆性能。

(4)在不同信噪比情况下50次的独立试验，结果如下图所示。

“50次”前边缺谓语动词；还有别的语病。改为：

在信噪比不同的条件下作了50次独立试验，结果如图×所示。

(5)由于美国是世界上公认的成功的药物管理体系国家，因此，本文将对美国新兽药的审批程序作全面概述，目的为发展和完善我国的兽药管理体制与法律法规提供一些可参考的信息。

“目的”后缺谓语动词“是”，或者将“目的”改为“以”；此外，“发展和完善”改为“发展并完善”较好。改为：

由于美国是世界上公认的成功的药物管理体系国家，因此，本文将对美国新兽药的审批程序作全面概述,目的是为发展并完善我国的兽药管理体制与法律法规提供一些可参考的信息。

或改为:

由于美国是世界上公认的成功的药物管理体系国家,因此,本文将对美国新兽药的审批程序作全面概述,以为发展并完善我国的兽药管理体制与法律法规提供一些可参考的信息。

(6)这一软件由美国 FLUENT. INC 于 1983 年推出的。

缺谓语动词"是"。改为:

这一软件是由美国 FLUENT. INC 于 1983 年推出的。

或改为:

这一软件由美国 FLUENT. INC 于 1983 年推出。

(7)土壤水分植被承载力由土壤水分补给量和土壤水分消耗量共同决定的。

删去"的",或者保留"的"而在"由"前加"是"。即:

土壤水分植被承载力由土壤水分补给量和土壤水分消耗量共同决定。

或改为:

土壤水分植被承载力是由土壤水分补给量和土壤水分消耗量共同决定的。

(8)近年的研究证明,动物在生长发育过程中,必须一定数量的小肽。

"必须"是副词,不能代替其后的动词。改为:

近年的研究证明,动物在生长发育过程中,必须有一定数量的小肽。

(9)可见电重构的正面反应,心脏产生了适应性变化。

"心脏"前应加谓语动词"使"。即:

可见电重构的正面反应,使心脏产生了适应性变化。

(10)茶乳酪主要由茶多酚及其氧化物、生物碱、蛋白质、脂质等物质。

“物质”后的谓语动词未出现。改为：

茶乳酪主要由茶多酚及其氧化物、生物碱、蛋白质、脂质等物质组成。

(11)不下决心对小汽车使用管理的话,北京交通状况改变是非常困难的。

缺状态动词“进行”做谓语动词;此外,还有别的语病。改为：

不下决心对小汽车的使用进行管理的话,要改变北京的交通状况是非常困难的。

(12)以此类推,从而可以电路故障类别并对电路进行故障定位。

“可以”后缺谓语动词。改为：

以此类推,从而可以判定电路故障类别并对电路进行故障定位。

(13)采用 Logistic 回归分析,年龄每增加10岁,血清肌酐水平升高的风险显著增加。

“回归分析”后边缺谓语动词,“采用”多余。改为：

由 Logistic 回归分析发现,年龄每增加10岁,血清肌酐水平升高的风险显著增加。

(14)该浸出技术得到的脂肪不含有害物质、无污染,活性成分和热不稳定成分不易被分解破坏等优点。

“该浸出技术”后边缺谓语动词。改为：

该浸出技术具有得到的脂肪不含有害物质,无污染,活性成分和热不稳定成分不易被分解破坏等优点。

(15)跌打红药片由三七、红花、当归、川芎、白芷、土鳖虫共六味药组成的复方制剂。

“跌打红药片”后边缺谓语动词。改成：

跌打红药片是由三七、红花、当归、川芎、白芷、土鳖虫等6味药组成的复方制剂。

或改为：

跌打红药片是一种复方制剂，由三七、红花、当归、川芎、白芷、土鳖虫等6味药组成。

(16) 业务冲突问题最早由 T. F. Bowen 等在 Bellcore 研究电信网络中部署增值业务问题提出的。

“最早由”改为“最早是由”；此外，还有别的语病。改为：

业务冲突问题最早是由 T. F. Bowen 等在 Bellcore 研究电信网络中部署增值业务问题时提出的。

(17) 被动调 Q 技术以其价格低廉、运转可靠和结构简单等优点在中小功率激光器中广泛应用。

“广泛应用”前边应加上谓语动词“获得”。即：

被动调 Q 技术以其价格低廉、运转可靠和结构简单等优点在中小功率激光器中获得广泛应用。

(18) 通过对国外典型城市轨道交通的研究，郊区线的系统建设主要有以下3种方式。

“研究”后应加上谓语动词“得知”。此时，主语“我们”被省略了。改为：

通过对国外典型城市轨道交通的研究得知，郊区线的系统建设主要有以下3种方式。

2.3 其他动词残缺

除缺少谓语动词这类语病外，句子中的其他动词残缺，也是一类常见的语病。例如：

(1) 我想跟大家讨论一下我们面临的问题和我们怎样解决这些问题的。

“怎样”前应加“是”。即：

我想跟大家讨论一下我们面临的问题和我们是怎样解决这些问题的。

(2)C-C复合材料,使得发动机的结构紧凑,重量降低。

这里,“C-C复合材料”不能做主语,原来是因缺了动词而造成的语病;此外,还有别的语病。改为:

采用C-C复合材料,使得发动机的结构紧凑,质量减小。

(3)采用电感镇流器的气体放电灯。

宾语的定语中缺动词“具有”。即:

采用具有电感镇流器的气体放电灯。

(4)相对工件沿 Y 方向作速度 v 的往复运动。

宾语的定语中缺动词“为”,改为:

相对工件沿 Y 方向作速度为 v 的往复运动。

(5)近年来功能性电刺激(FES)因其改善脑梗死患者肢体偏瘫功能的临床疗效而备受关注。

缺动词“具有”。改为:

近年来,功能性电刺激(FES)因具有改善脑梗死患者肢体偏瘫功能的临床疗效而备受关注。

(6)其中3组分别用质量浓度50、100和150 μg/mL的玉米小斑病菌C小种毒素来诱导。

“质量浓度”后边缺动词“为”。改为:

其中3组分别用质量浓度为50、100和150 μg/mL的玉米小斑病菌C小种毒素来诱导。

(7)除了《铁路边界噪声限值及其测量方法》《城市区域环境噪声测量方法》《工业企业厂界噪声测量方法》规定外,还需满足以下要求。

“除了”后应加上具有“遵循”这类意义的动词,如改为:

除了遵循《铁路边界噪声限值及其测量方法》《城市区域环境噪声测量方法》《工业企业厂界噪声测量方法》规定外,还需满足以下要求。

(8)另一方面,还可以进一步聚焦客户,分析客户的行为,细分各类客户群,并针对性地提出对应的套餐服务,来进一步稳固和扩大客户群,以获得更好的收益。

"针对性地"中"针对性"是名词性的,不能做状语,原来缺动词。改为:

另一方面,还可以进一步聚焦客户,分析客户的行为,细分各类客户群,并有针对性地提出对应的套餐服务,来进一步稳固和扩大客户群,以获得更好的收益。

(9)由于上千基因中只有部分基因的表达对于肿瘤诊断是显著作用的。

"是显著作用的"不通,改为:

由于上千基因中只有部分基因的表达对于肿瘤诊断是有显著作用的。

(10)Rivest 等[3]提出通过消费者向商家表明自己的身份来证明其电子现金拥有者,然后通过数据恢复保持交易的公平性。

"来证明其电子现金拥有者"不通,原来缺动词。改为:

Rivest 等[3]提出通过消费者向商家表明自己的身份来证明其是电子现金拥有者,然后通过数据恢复保持交易的公平性。

(11)中药和罗红霉素 30 d、40 d 组胶原面积与模型组无明显改变。

"与模型组"后边缺动词"比较"。改为:

中药和罗红霉素 30 d、40 d 组胶原面积与模型组比较无明显改变。

(12)不能采用连续体的围岩响应曲线分析围岩与支护结构的关系。

"采用连续体的围岩响应曲线"后边缺表示前者是方法,后者是目的的动词"来"。改为:

不能采用连续体的围岩响应曲线来分析围岩与支护结构的关系。

(13)另外，一旦其服务器数据库故障将可能导致数据无法上传和原有各个数据损坏。

“一旦其服务器数据库故障”中“故障”是名词，“一旦”后应跟动词。改为：

另外，一旦其服务器数据库出现故障，将可能导致数据无法上传和原有各个数据损坏。

2.4　宾语残缺

在现代汉语中，大部分动词（及物动词）必须带宾语，没有宾语，就不能把动作、行为同它们涉及的事物之间的关系表达清楚。所谓宾语残缺，是指结构上应该有宾语而没有。

宾语残缺一般是由下列 2 个原因引起的。

1. 误将谓词性宾语做了要求名词性宾语的动词的宾语。

按所要求的宾语的不同性质，动词可分为 2 类：一类是要求名词或名词性词组做宾语的动词，常见的如“解决、克服”“造成、制成”“使用、采用、应用”“推广”“扩大”“引起”“发生”等等，它们后边能用“什么”提问，如“解决什么”“使用什么”；另一类动词是要求谓词（动词和形容词）或动宾词组、主谓词组等做宾语的动词，常见的如“企图”“打算”“认为”“感觉”“开始”“想”“进行”“准备”等等，它们后边能用“怎样”提问，如“打算怎样”“认为怎样”。前一类动词的宾语如果是谓词性的，就会出现宾语残缺的语病。例如：

(1)[摘要] 为提高液体媒质超声波电机的最高转速，对电机的饱和流速特性进行了理论分析，得出液体媒质中声场的非线性是饱和流速产生的主要原因。

“得出”要求名词性宾语，而这里是谓词性宾语（主谓词组）。此外，还有别的语病。改为：

为提高液体媒质超声波电机的最高转速，对电机的饱和流速特性进行了理论分析，得出液体媒质中声场的非线性是产生饱和流速的主要原因的论断。

让“论断”做“得出”的宾语，句子就通顺了。

(2)［摘要］提出了从控制液位高度、液体质量分数、使用合适类型的液体和转子结构4方面提高电机最高转速，使电机能运行在较宽的范围。

“提出”缺宾语。改为：

提出了从控制液位高度、液体质量分数、使用合适类型的液体和转子结构4方面提高电机最高转速，使电机能运行在较宽范围的方案。

让“方案”做“提出”的宾语，句子就通顺了。

(3)［摘要］通过对非等温条件下3种泄漏模型计算结果的比较，得出小孔模型适用于孔径比约为0.15的泄漏，管道模型适用于孔径比约为0.9的泄漏，而大孔径模型在各种泄漏孔径下均比较适用。

将“得出”改为“认为”，语病即消除，因为“认为”要求谓词性宾语。改为：

通过对非等温条件下3种泄漏模型计算结果的比较，认为小孔模型适用于孔径比约为0.15的泄漏，管道模型适用于孔径比约为0.9的泄漏，而大孔径模型在各种泄漏孔径下均比较适用。

(4)［摘要］……进行了分析，提出盾始发和到达端头加固范围应根据其端头的具体地层情况和盾构设备长度以及土体强度、稳定性等验算结果来综合确定。

将“提出”改为“认为”，语病即消除。改为：

……进行了分析，认为盾始发和到达端头加固范围应根据其端头的具体地层情况和盾构设备长度以及土体强度、稳定性等验算结果来综合确定。

(5)据此，×××等在20世纪80年代提出了“本区新生代两大玄武岩类分别主要源自岩石圈地幔不同部位”和“软流圈地幔”，并“经受过一定地幔交代作用改造”，以及“广泛而强烈的深部物质活动是导致本区北部岩石圈减薄、地热梯度加大并最终导致华北裂谷形成和沉积盆地发育的一个重要因素”。

句末加上“的观点”“的论断”之类的词语，作为“提出(了)”的宾语。改为：

据此，×××等在20世纪80年代提出了“本区新生代两大玄武岩类分别主要源自岩石圈地幔不同部位”和“软流圈地幔”，并“经受过一定地幔交代作用改造”，以及“广泛而强烈的深部物质活动是导致本区北部岩石圈减薄、地热梯度加大并最终导致华北裂谷形成和沉积盆地发育的一个重要因素”的观点。

(6)传统齿轮设计是以齿根弯曲疲劳强度和齿面接触疲劳强度为设计准则而进行结构尺寸计算后再进行实验检验。这种设计方法存在设计周期长、效率低等缺点。

“是”要求名词性宾语，而现在的宾语是谓词性的。改为：

传统齿轮设计以齿根弯曲疲劳强度和齿面接触疲劳强度为设计准则，进行结构尺寸计算后再进行实验检验。这种设计方法存在设计周期长、效率低等缺点。

2. 只有宾语的定语(假宾语)，而宾语(真宾语)并未出现。例如：

(7)美国20世纪30年代田纳西流域曾是水土流失严重、洪涝灾害频繁和水污染严重。

句子未写完，因为宾语未出现。改为：

美国20世纪30年代田纳西流域曾是水土流失严重、洪涝灾害频繁和水污染严重的地区。

或改为：

20世纪30年代，美国田纳西流域水土流失严重，洪涝灾害频繁，水污染严重。

(8)认真解决事业心、责任感、纪律观念，树立职业道德、严谨求实的优良作风。

“认真解决事业心、责任感、纪律观念”,说不通,原来它们只是定语,而所修饰的中心语并未出现。改为:

认真解决事业心、责任感、纪律观念等方面的问题,树立职业道德、严谨求实的优良作风。

(9)本研究采用慢性染毒,观察氡暴露对大鼠肺组织的损伤及蛋白表达的改变。

动词“采用”缺宾语,而“慢性染毒”只是宾语的定语;此外,“改变”应为“影响”。改为:

本研究采用慢性染毒的方法,观察氡暴露对大鼠肺组织的损伤及蛋白表达的影响。

(10)必须发展大运量快速公共汽车系统,以改变传统公交速度低和效率低。

“改变”缺宾语。改为:

必须发展大运量快速公共汽车系统,以改变传统公交速度低和效率低的状况。

(11)该方法成功地应用于抗精神病药及其代谢产物。

缺真宾语,“抗精神病药及其代谢产物”是假宾语。据文意,改为:

该方法成功地应用于抗精神病药及其代谢产物的监测。

(12)作为船长,难免要面对自引船舶进出新加坡东加油锚地。

“面对”的真宾语未出现。改为:

作为船长,难免要面对自引船舶进出新加坡东加油锚地的情况。

(13)允许飞行员点火并采取逃离。

“采取逃离”这一动宾词组中“逃离”缺所修饰的中心词,即宾语。改为:

允许飞行员点火并采取逃离措施。

(14)或许现在还有人认为,农业科研工作研究的无非是动植物养殖、植物育种和解决病虫害。

“解决病虫害”之后应加上“问题”。改为：

或许现在还有人认为，农业科研工作研究的无非是动植物养殖、植物育种和解决病虫害问题。

(15)……更能够对细微的振动起到很好的过滤。

“过滤”后边加上“作用”，改为：

……更能够对细微的振动起到很好的过滤作用。

(16)……试图达到育苗、壮苗和提高烟草抗病力，为烟苗移栽大田生长发育和提高烟苗产量和质量打下良好基础。

“达到”的宾语并未出现。改为：

……试图达到育苗、壮苗以及提高烟草抗病力的目的，以为烟苗移栽大田生长发育和提高烟苗的产量及品质打下良好基础。

3. 小宾语挤掉大宾语。大宾语指谓语动词的宾语，此宾语如果有动宾词组做定语，那么，这一动宾词组中的宾语即称为小宾语。作者造句时，由于定语较长，写着写着刚把定语中的宾语（小宾语）写出来，就以为句子谓语的宾语（大宾语）已经出现，竟忘了把它写出来，而期刊编辑人员又未予修改，期刊中即出现了这种语病。例如：

(17)最终，提名委员会的决定占了上风，作为诺贝尔奖获得者的布洛赫不仅符合他们所期望的世界知名科学家，而且增进了日后CERN与美国的交流合作。

“符合”后缺宾语。改为：

最终，提名委员会的决定占了上风，作为诺贝尔奖获得者的布洛赫，不仅符合他们所期望的世界知名科学家这一条件，而且这还增进了日后CERN与美国的交流合作。

(18)论文将提出采用2个自适应系统，对Jafarkhani码的编码矩阵的部分符号乘上自适应系数 w_1 或 w_2，再结合天线选择技术，以期达到改善QSTBC系统的性能。

"2 个自适应系统"只是"采用"的宾语,而"提出"的宾语并未出现;此外"达到"多余。改为:

本文将提出采用 2 个自适应系统的方案,对 Jafarkhani 码的编码矩阵的部分符号乘上自适应系数 w_1 或 w_2,再结合天线选择技术,以期改善 QSTBC 系统的性能。

2.5 其他成分残缺

一个句子中除了主语、谓语、宾语可能残缺外,其他成分如定语、状语、补语,甚至助词等也可能残缺。

定语残缺

这包括下列 2 种语病。

1. 定语缺中心语。例如:

(1)相对来说,为实现全色长余晖发光所必需的红、绿、蓝 3 种长余晖材料体系中,红色发光材料的长余晖性能仍没有重要进展。因此,目前急需开发具有优良发光特性和高稳定性的新型红色长余晖发光材料。

不是"性能仍没有重要进展",而是"性能研究"没有"进展";此外,还有句号误用问题。改为:

相对来说,为实现全色长余晖发光所必需的红、绿、蓝 3 种长余晖材料体系中红色发光材料的长余晖性能的研究仍没有重要进展,因此,目前急需开发具有优良发光特性和高稳定性的新型红色长余晖发光材料。

(2)二氧化碳作为制冷剂已经超过 100 年。

主语部分的定语缺中心语,造成主宾不搭配。改为:

二氧化碳作为制冷剂使用的时间已经超过 100 年。

(3)超声波购于广州市邦图美容美发设备有限公司。

定语"超声波"缺中心词。改为:

超声波发生器购于广州市邦图美容美发设备有限公司。

(4)其目的在于研究果糖二磷酸锶对糖尿病睾丸病变的改善。

定语“改善”缺中心词。改为:

其目的在于研究果糖二磷酸锶对糖尿病患者睾丸病变的改善作用。

(5)中剂量和小剂量尿蛋白水平与模型组比较,差异无统计学意义。

定语“中剂量和小剂量”缺中心词“组”。改为:

中剂量和小剂量组尿蛋白水平与模型组比较,差异无统计学意义。

(6)超微结构发现昆仙胶囊可以减少上皮下电子致密物沉淀。

定语“超微结构”缺中心词。改为:

超微结构观察发现,昆仙胶囊可以减少上皮下电子致密物沉淀。

(7)划破种皮是不划破种皮的2.52倍。

定语“划破种皮”缺中心语。改为:

划破种皮种子的发芽率是不划破种皮的2.52倍。

(8)91例病例为我院2007年1月—2009年4月住院治疗患者,经病理组织学或细胞学确诊为晚期NSCLC患者。

定语“病理组织学或细胞学”缺中心词。改为:

91例病例为我院2007年1月—2009年4月住院治疗患者,经病理组织学或细胞学检查,确诊为晚期NSCLC患者。

(9)炉渣由浅变深

“炉渣”无所谓深浅,原来它缺中心词。改为:

炉渣颜色由浅变深

(10)颈阔肌皮瓣是修复颈段食管狭窄或吻合口狭窄的优良方法。

“颈阔肌皮瓣”是“方法”,主宾不搭配,原因是定语缺中心词。改为:

颈阔肌皮瓣修复术是修复颈段食管狭窄或吻合口狭窄的优良

方法。

(11)近年来,心脑血管疾病年轻化。

"疾病"无所谓"年轻化",原来缺中心词。改为:

近年来,心脑血管疾病患者年轻化。

(12)当前我国血吸虫病面临挑战和机遇。

定语"血吸虫病"缺中心词。改为:

当前我国血吸虫病防治面临挑战和机遇。

(13)……所以,线路上的总有功损耗是相当可观的,减少线路上的能耗必须引起设计重视。

"设计"缺中心词。改为:

……所以,线路上的总有功损耗是相当可观的,减少线路上的能耗必须引起设计者的重视。

(14)2009年以来……

"以来"指从过去某时到说话时的一段时间。此文发表于2009年5月,人物事都处在2009年内,怎么能说"以来"呢?原来"2009年以来"缺中心词"初"。改为:

2009年初以来……

2. 定语不完整。例如:

(15)国家药物监督管理局

定语不完整,造成国家机关名称不准确。应为:

国家食品药物监督管理局

(16)他还说:很多人说中国市场上的假冒伪劣多,但情况比台湾好得多。

台湾是我国的一个省,绝不能把"中国市场"与"台湾(市场)"并列起来说。改为:

他还说:很多人说大陆市场上的假冒伪劣多,但情况比台湾好得多。

或改为：

他还说：很多人说内地市场上的假冒伪劣多，但情况比台湾好得多。

(17)这是否与电场的半年、年周期等变化有关还需要更长资料的积累。

“更长资料”，说不通，原来是因为定语不完整。改为：

这是否与电场的半年、年周期等的变化有关，还需要更长时间资料的积累。

(18)笔者从实验方面对 LD 抽运 Nd:YAG 被动调 Q 激光器的输出进行了比较全面的研究，并分析了被动调 Q 激光器的可行性。

后一个定语“被动调 Q 激光器”后应加上“应用”，改为：

笔者从实验方面对 LD 抽运 Nd:YAG 被动调 Q 激光器的输出进行了比较全面的研究，并分析了被动调 Q 激光器应用的可行性。

(19)世界上已没有一个国家能够离开其他国家而孤立地发展。

“一个国家”前应加上“任何”。改为：

世界上已没有任何一个国家能够离开其他国家而孤立地发展。

(20)能源供需矛盾已经成为我国经济社会可持续发展的瓶颈。

句子宾语的定语不完整。改为：

能源供需矛盾已经成为制约我国经济社会可持续发展的瓶颈。

(21)全球化进程的加快促进了船舶运输业的迅猛发展。

“全球化”缺少限制定语，笼统说“全球化”不知何所指。改为：

经济全球化进程的加快促进了船舶运输业的迅猛发展。

(22)混沌运动也被视为上一世纪自相对论和量子力学的第三大重大发现。

定语不完整。改为：

混沌运动也被视为 20 世纪继相对论和量子力学之后的第 3 大重大发现。

(23)染料工业是化学工业中对环境污染严重的产业之一。目前,世界年产量约为××,我国年产量已达××,位居世界前列。

第2句中什么的"世界年产量"未交代。改为:

目前,染料的世界年产量约为××,我国年产量已达××,位居世界前列。

(24)而对口腔健康较为重视的人群和个别从小就定期口腔检查的人群……

定语"从小就定期口腔检查"不完整。改为:

而对口腔健康较为重视的人群和个别从小就接受定期口腔检查的人群……

(25)黑翅长脚鹬也有着特殊斑点的保护色。

定语"特殊斑点(的)"缺动词。改为:

黑翅长脚鹬也有着具特殊斑点的保护色。

状语残缺

科技文章中常见的状语残缺的语病是缺少状语以及状语不完整。例如:

(1)随着我国在新疆、内蒙古等西部地区的能源大开发,常常会遇到卵砾石土层。

"能源大开发"与"常常会遇到卵砾石土层",二者是怎么联系在一起的,让人不明白。原来缺状语。改为:

随着我国在新疆、内蒙古等西部地区的能源大开发,在钻探中常常会遇到卵砾石土层。

(2)这对于胚胎组织学、发育生物学、遗传育种学和胚胎生物技术的基础理论研究具有重要价值,为组织和器官的冷冻保存提供充分的理论依据。

"为组织和器官"前边应加上"可"这类助动词做状语,改为:

这对于胚胎组织学、发育生物学、遗传育种学和胚胎生物技术的基础理论研究具有重要价值，可为组织和器官的冷冻保存提供充分的理论依据。

(3)它具有等离子放电、活化强化、高效率和快速烧结等特点，在较低烧结温度和较小的成形压力的条件下烧结出高性能的材料。

“在”前应加助动词“能”，改为：

它具有等离子放电、活化强化、高效率和快速烧结等特点，能在较低烧结温度和较小的成形压力的条件下烧结出高性能的材料。

(4)……因此，在选择小波分解尺度时，二者兼顾。

改为：

……因此，在选择小波分解尺度时，须二者兼顾。

(5)图1为光纤、电容液滴分析仪的总体设计原理框图。仪器的工作原理、信号分析和样品实验在《光纤、电容液滴分析仪：(一)原理与实验》中已经作了详细的阐述，主要介绍该仪器的系统设计方案。

第2个句子的前一分句与后一分句“主要介绍……”脱节，其间应有过渡性词语——状语“这里”。改为：

图1为光纤、电容液滴分析仪的总体设计原理框图。仪器的工作原理、信号分析和样品实验在《光纤、电容液滴分析仪：(一)原理与实验》中已经作了详细的阐述，这里主要介绍该仪器的系统设计方案。

(6)在平均温度19.1 ℃下，南方根结线线虫在番茄上45 d完成寄生阶段生活史，而在平均温度30.6 ℃下，南方根结线线虫16 d完成寄生阶段生活史。

这属状语不完整。“在平均温度19.1 ℃下”不符合这样一条语法规则：“在……(名词)下”里的名词，其定语应当是谓词性(动词、形容词、动宾词组、主谓词组等)的，如果“名词”是“情况”“条件”一类词的话。所以，改为：

在平均温度为19.1 ℃的条件下，南方根结线线虫在番茄上45 d完成寄生阶段生活史，而在平均温度为30.6 ℃的条件下，南方根结线线虫16 d完成寄生阶段生活史。

或改为：

在平均温度为19.1 ℃的情况下，南方根结线线虫在番茄上45 d完成寄生阶段生活史，而在平均温度为30.6 ℃的情况下，南方根结线线虫16 d完成寄生阶段生活史。

或改为：

在平均温度为19.1 ℃时，南方根结线线虫在番茄上45 d完成寄生阶段生活史，而在平均温度为30.6 ℃时，南方根结线线虫16 d完成寄生阶段生活史。

(7)在相同的绝对误差下

宜改为：

在绝对误差相同的情况下

或改为：

在绝对误差相同的条件下

或改为：

当绝对误差相同时

(8)在强化培训还不到位下

不像汉语，读起来很别扭。改为：

在强化培训还不到位的情况下

(9)在旅行模式下减振器被调的较软。

改为：

对于旅行模式，减振器被调得较软。

(10)在第一种方式下，用户鉴权可以通过拜访网络的WLAN实现或者归属网络鉴权，第二种方式的鉴权一般是通过归属网络鉴权。

“在第一种方式下”，也属状语不完整。改为：

对于第1种方式，用户鉴权可以通过拜访网络的WLAN实现或者归属网络鉴权，而对于第2种方式，一般是通过归属网络鉴权。

缺助词“的”

语法规则要求,不经常搭配在一起使用的名词做定语,以及联合词组、偏正词组、主谓词组、动宾词组、介词词组做定语时,中心语之前需用结构助词“的”;而修辞规则又要求,多项定语中的“的”不宜多用:因此,句子中某处该不该用“的”,既要用语法规则,又要用修辞规则来“综合”检查——用了“的”修辞效果不好,不用“的”也通顺,就不用“的”;若不用“的”便不通顺,那就应当用“的”。否则,容易出现语病。例如:

(1)[题名] 混合模型仿真大规模网络实现

改为:

混合模型仿真大规模网络的实现

(2)我国西南地区是世界喀斯特地貌集中连片分布地区之一。

改为:

我国西南地区是世界喀斯特地貌集中连片分布的地区之一。

(3)现将自已在船舶避碰方面一些思路、心得,供同仁参考。

改为:

现将自已在船舶避碰方面的一些思路和心得,供同仁参考。

(4)随着社会经济水平不断提高,城市燃气的使用越来越普及。

改为:

随着社会经济水平的不断提高,城市燃气的使用越来越普及。

(5)用本文介绍方法设计的组织一般经纬循环较大。

改为:

用本文介绍的方法设计的组织,一般经纬循环较大。

(6)……使劳斯莱斯在中国产品线得到了进一步拓展。

改为:

……使劳斯莱斯在中国的产品线得到了进一步拓展。

(7)表3中根据文献[1],按式(2)计算出流量不同时游荡河段与弯曲河段挟沙能力比值。

改为：

根据文献[1]，按式(2)计算出流量不同时游荡河段与弯曲河段挟沙能力的比值。

(8)马来西亚棕榈油局(MPOB)公布数据显示……。

改为：

马来西亚棕榈油局(MPOB)公布的数据显示……。

(9)实验平台为××××大学研制CS300电化学测试系统。

改为：

实验平台为××××大学研制的CS300电化学测试系统。

(10)只有这样，才可以构建一道坚不可摧的预防心血管疾病全面防线。

改为：

只有这样，才可以构建一道坚不可摧的预防心血管疾病的全面防线。

(11)……探讨其可能作用机制。

改为：

……探讨其可能的作用机制。

(12)该计算管理器的各个模块特点与功能描述如下。

改为：

该计算管理器各个模块的特点与功能描述如下。

(13)中国网通TPv6视频监控系统主要创新点包括……。

改为：

中国网通TPv6视频监控系统的主要创新点包括……。

(14)例如，某药物半衰期很短，改为脂质体后，可明显延长半衰期，从而延长药物在体内停留时间。

改为：

例如，某药物半衰期很短，改为脂质体后，可明显延长半衰期，从而延长药物在体内停留的时间。

(15)……控制发送数据发送时机。

改为：

……控制发送数据的发送时机。

(16)本文中的计算均采用美国 Accelrys 公司 Material Studio 软件中 CASTEP 模块。

改为：

本文中的计算均采用美国 Accelrys 公司 Material Studio 软件中的 CASTEP 模块。

(17)GB 50010—2002《混凝土结构设计规范》对适用性要求主要是通过控制变形和裂缝宽度来实现。

2处缺"的"。改为：

GB 50010—2002《混凝土结构设计规范》对适用性的要求主要是通过控制变形和裂缝宽度来实现的。

缺助词"地"

(1)它可以直观清晰了解燃烧发生和发展的特征规律，加深对燃烧过程的理解，也可以为燃烧系统的评价和改进以及发动机燃烧系统的设计提供依据。

改为：

它可以直观清晰地了解燃烧发生和发展的特征规律，加深对燃烧过程的理解，也可以为燃烧系统的评价和改进以及发动机燃烧系统的设计提供依据。

(2)"增长极"理论认为政府干预与政策作用可以人为创造集群在特定区域的发生和发展。

缺助词"地"；此外，还有别的语病，还缺点号。改为：

"增长极"理论认为，政府干预和政策引导，可以人为地创造集群，并使其在特定的区域发生与发展。

缺助词“了”

助词“了”用在动词或形容词后边，表示动作或变化已经完成。该用而未用“了”，不仅语义不明，而且语气也不对。例如：

客观地讲，食盐加碘对我国消除碘缺乏病起到很大的作用。

改为：

客观地讲，食盐加碘对我国消除碘缺乏病起到了很大的作用。

缺助词“所”

实验结果显示，无论是在模拟数据中还是在五个微阵列数据集中，提出的方法都是高效稳定的。

改为：

实验结果显示，无论是在模拟数据中还是在5个微阵列数据集中，所提出的方法都是高效、稳定的。

缺序次语

首先，线路尽可能走直线，少走弯路，以减少导线长度；其次，低压线路应不走或少走回头线，以减少来回线路上的电能损耗；低压配电室应靠近电缆井。

按句子的意思，缺“第三”。改为：

首先，线路尽可能走直线，少走弯路，以减少导线长度；其次，低压线路应不走或少走回头线，以减少来回线路上的电能损耗；第三，低压配电室应靠近电缆井。

第3章 搭配不当

句子中任何2个相关成分,如主语与谓语,动词与宾语,主语与宾语,定语、状语、补语与它们所限制或修饰的中心词语能否搭配,决定于以下3个方面:

第一,是否符合事理;

第二,是否符合语法规则;

第三,是否符合语言习惯。

三者中任何一个条件满足不了都会造成语病。例如:说"种庄稼"可以,说"种石头"就不行,因为"种石头"不合事理;说"高能见度"可以,说"很能见度"就不行,因为违反了语法规则——副词"很"不能修饰名词"能见度";说"美丽的红宝石"可以,说"美丽的汽车"就不行,因为后一说法尽管也符合事理(某一汽车确实"美丽")、符合语法规则(形容词可以修饰名词),但不符合语言习惯,使人听起来别扭。

相关成分不搭配,从语言形式上看是一种语法错误,而实际上往往是以语法错误的形式反映了逻辑错误的内容。

3.1 主语同谓语不搭配

主语和谓语是句子的2个主要成分,只有彼此配合,句子才通顺,表达的意思才准确。例如:

(1)测量力较小时,打滑现象比较严重,测量误差较大;而测量力较大时,打滑现象减小,测量误差较小。

"现象"不能说"严重",也不能说"大小(减小)"。改为:

测量力较小时,打滑比较严重,测量误差较大;而测量力较大时,打滑程度降低，测量误差较小。

(2)保证渣铁物理温度充沛，流动性良好。

“充沛”的意义是充足而旺盛，用来说明炉内温度不合适；此外，还有别的语病。改为：

保证炉膛温度较高、分布均匀，使渣铁流动性好。

(3)电化学DNA和免疫传感的潜在应用及优势巨大，所以一直是非常活跃的研究领域。

前一分句中主谓搭配不当：可以说“优势”“巨大”，但不能说“潜在应用”“巨大”；整个句子的主语“潜在应用及优势”与关联词“所以”后的谓语“是……领域”也不搭配。此外，还有别的语病。改为：

电化学DNA和免疫传感具有巨大的优势和应用潜力，所以，这一领域的研究一直非常活跃。

(4)其面临的主要困难有两个因素：一是资料，二是蒸发波导模型。

“困难有两个因素”，主谓不搭配，改为：

其面临的主要困难有2个方面，一是资料，二是蒸发波导模型。

(5)随着社会经济的持续快速发展，我国城市的规模、数量不断增加，机动化水平迅速提高……

“规模增加”，主谓不搭配。改为：

随着经济社会的持续快速发展，我国城市的规模不断扩大，数量不断增加，机动化水平迅速提高……

(6)冰崩发生时，由于冰崖的塌下，巨大的体积瞬间入海。

“体积入海”，主谓不搭配。改为：

冰崩发生时，由于冰崖塌下，体积巨大的冰块瞬间入海。

(7)其驱动距离不少于1 m。

“驱动距离”不能说“多少”，可以说“大小”。改为：

其驱动距离不小于1 m。

(8)价格增大

“价格”不能说“大小”,可以说“高低”。改为:

价格增高

(9)肝脏与体重比减少。

“××比”不能说“多少”,可以说“大小”。改为:

肝脏与体重比减小。

(10)由图5可以看出,胎压每增加10%,纵向刚度减少约10%。

“刚度”不能说“多少”。改为:

由图5可以看出,胎压每增加10%,纵向刚度减小约10%。

(11)这次地震是中国近半个世纪来最大的一次地震。但正因为它发生在人烟稀少的西部地区,人员财产伤亡小,所以未被大众提及。

说“人员伤亡”可以,说“财产伤亡”不可以。改为:

这次地震是中国近半个世纪来最大的一次地震;但正因为它发生在人烟稀少的西部地区,人员伤亡少,财产损失小,所以未被大众提及。

3.2 主语同宾语不搭配

主语同宾语搭配不当往往是由下列原因引起的。

1. 主语与宾语意义不配合。例如:

(1)相信在不久的将来这一现象会得到圆满的解决。

“现象”与“解决”意义配合不上。改为:

相信在不久的将来这一问题会得到圆满的解决。

(2)该一体化软件系统已经成功在鹧鸪山特长公路隧道进行了实施。

“系统”与“实施”意义配合不上。改为:

该一体化软件系统已经成功地应用于鹧鸪山特长公路隧道。

(3)表2是5种涂层试样初次出现红锈的时间。

“表2”是一个“表”,不是“时间”。改为:

表2示出5种涂层试样初次出现红锈的时间。

(4)模型有 α 因子模型,β 因子模型,条件关联系数法等。

“条件关联系数法”是方法而不是模型。改为:

模型和方法有 α 因子模型,β 因子模型,以及条件关联系数法等。

(5)腔镜治疗甲状腺功能亢进的适应证有原发性甲状腺功能亢进Ⅰ°、Ⅱ°肿大以及服碘后能缩小为Ⅱ°肿大的Ⅲ°患者。

“适应证有患者”,主宾不搭配;此外“°”是平面角单位,不能用来表示这里的“度”。“Ⅰ度、Ⅱ度肿大”指的是甲状腺肿大,所以不能遗漏“甲状腺”3个字。改为:

用腔镜治疗甲状腺功能亢进的适应证包括原发性甲状腺功能亢进甲状腺Ⅰ度和Ⅱ度肿大,以及服碘后甲状腺能缩小为Ⅱ度肿大的Ⅲ度肿大。

(6)薄膜沉积技术是材料表面改性的一个重要手段,通过在材料表面上沉积不同功能的薄膜,从而提高材料表面的硬度、耐磨损等特性。

“技术是手段”,主宾不搭配;此外,还有别的语病。改为:

薄膜沉积技术是材料表面改性的一种重要技术,通过在材料表面上沉积功能不同的薄膜,可以提高材料表面的硬度、耐磨损等特性。

(7)天然气的理论质量空燃比是17.2,比汽油和柴油都大得多,但是由于天然气本身是气体燃烧,它的体积在进气过程中占有较大的比例,这将导致进入气缸的空气量减少,充量系数降低,从而影响到发动机的动力性。

“天然气是燃烧”,主宾不搭配;此外,还有别的语病。改为:

天然气的理论质量空燃比是17.2,比汽油和柴油都大得多;但是,由于天然气发动机中燃烧的是气体——天然气,其体积在进气过程中占有较大的比例,这将导致进入气缸的空气量减少,充量系数降低,从而影响到发动机的动力性。

(8)楼宇分布式供能(BCHP)系统是一种日益受到关注的建筑供能方式。

“系统是方式”,主宾不搭配。改为:

楼宇分布式供能(BCHP)系统是一种日益受到关注的建筑供能系统。

(9)公共建筑供热节能器是基于整个楼栋的控制。

“节能器是控制”,主宾不搭配。改为:

公共建筑供热节能器是基于整个楼栋控制的节能器。

(10)如何对中医药进一步理解和辨证施治,可能是应用传统医药对CRF术前准备的最大障碍。

主宾意义不搭配,引起判断错误:对中医药进一步理解了,并且辨证施治正确了,就不能成其为“障碍”。改为:

对中医药的理解和辨证施治不到位,可能是应用传统医药作CRF术前准备的最大障碍。

(11)技术的高度不确定又包含了新技术的科学基础、新技术的应用、新兴技术研发是否成功的不确定,新兴技术研发成功的时间不确定及新兴技术的商业化能否成功的不确定等几层含义。

“技术应用”“技术研发”可与“成功”搭配,而“科学基础”则与“成功”不能搭配。改为:

技术的高度不确定又包含了新技术的科学基础是否可靠的不确定,新技术的应用、新兴技术的研发是否成功的不确定,新兴技术研发成功的时间不确定及新兴技术的商业化能否成功的不确定等几层含义。

2. 在“甲是乙”这类是字句中,“甲”与“乙”不同类,“甲”与“乙”在范围上不相当。例如:

(12)在花生种子检验指标中,种子纯度和品种真实性检验是最主要的指标。

“检验”与“指标”不同类。改为：

在花生种子检验指标中，种子纯度和品种真实性是最主要的指标。

(13)2009 年的中国汽车，注定将是一个低开的年份。

“汽车”与“年份”不同类。改为：

2009 年，注定将是中国汽车低开的一个年份。

(14)旋光角的测定是光学物理中常用的仪器设备。

“测定”与“仪器设备”不同类。改为：

旋光角的测定是光学物理中的常规实验。

最好改为：

旋光角的测定仪器是光学物理中常用的仪器。

(15) 近年来，国际茶叶市场竞争日趋激烈，茶叶主要进口国对茶叶的卫生要求也越来越严，致使茶叶中的农药残留问题对中国茶叶的出口构成严重威胁。乌龙茶的农药残留问题是其中最为严重的茶类。

“问题”与“茶类”不同类；此外，还有别的语病。改为：

近年来，国际茶叶市场竞争日趋激烈，茶叶主要进口国对茶叶的卫生要求也越来越严，致使茶叶中的农药残留问题对中国茶叶的出口构成严重威胁，其中以乌龙茶的农药残留问题最为严重。

(16)采用何种手段来降低风扇噪声成为整车降噪成功的关键。

“采用何种手段”即采用的手段并未确定，怎么能说是“成功”的关键？改为：

采用何种手段来降低风扇噪声成为整车降噪能否成功的关键。

(17)随着分子生物学的发展及在分子水平上对疾病认识的深入，基因治疗的范围不断拓展，然而，基因治疗的成功较大程度上取决于是否有一套安全、简便、高效的基因转染系统。

主语说的是“成功”(1 个方面)，而宾语说的是“是否”(2 个方面)——范围不相当。改为：

随着分子生物学的发展及在分子水平上对疾病认识的深入，基因治疗的范围不断拓展，然而，基因治疗的成功较大程度上取决于要有一套安全、简便、高效的基因转染系统。

(18)在开挖线两侧有效地形成止水帷幕和保持掌子面稳定是施工成败的关键。

主语部分说的内容是“肯定”的(1 个方面)，而宾语说的是“成败”(2 个方面)，不搭配。改为：

在开挖线两侧有效地形成止水帷幕和保持掌子面稳定是施工成功的关键。

或改为：

是否能在开挖线两侧有效地形成止水帷幕和保持掌子面稳定，是施工成败的关键。

(19)在道路工程三维设计系统中，选择合适的路基工程设计模式对路基设计模块的构架、开发以及应用都有重要的意义，甚至可以决定开发项目的成败。

“选择合适”与“成败”逻辑关系不对应；“败”是失败，跟“合适”矛盾。改为：

在道路工程三维设计系统中，路基工程设计模式选择得合适，对路基设计模块的构架、开发以及应用都有重要的意义，甚至可以决定开发项目获得成功。

3. 在谓词宾语是字句中句末没用“的”。宾语应是名词性的，如果给的宾语是谓词(动词或形容词)，那么，其后边应有“的”；否则就会产生语病。例如：

(20)早期有关孤立波的研究都是针对单一均匀流体进行。

改为：

早期有关孤立波的研究都是针对单一均匀流体进行的。

(21)转基因植酸酶玉米前期的研究实验，也是在“负压温室、负压实验室”内进行。

改为：

转基因植酸酶玉米前期的研究实验，也是在“负压温室、负压实验室”内进行的。

(22)风扇噪声对于标准测点处噪声的贡献度是通过选择运行法得到。

改为：

风扇噪声对于标准测点处噪声的贡献度是通过选择运行法得到的。

(23)目前，国内外用于养鸡业生产的鸡球虫病疫苗均为活虫苗，是由数种鸡球虫的活卵囊组成。

改为：

目前，国内外用于养鸡业生产的鸡球虫病疫苗均为活虫苗，是由数种鸡球虫的活卵囊组成的。

(24)多不饱和脂肪酸可能是通过抑制甲烷生成相关菌来降低甲烷的生成。

改为：

多不饱和脂肪酸可能是通过抑制甲烷生成相关菌来减少甲烷的生成的。

(25)BC1 和 BC2 是由单轴双折射晶体制成。

改为：

BC1 和 BC2 是由单轴双折射晶体制成的。

或改为：

BC1 和 BC2 由单轴双折射晶体制成。

(26)私人交通是需要加以控制和管理。

改为：

私人交通是需要加以控制和管理的。

或改为：

私人交通需要加以控制和管理。

(27)表1中站名的顺序是按各站1961—2001年多年平均 ET_0 由小到大的顺序排列。

改为：

表1中站名的顺序是按各站1961—2001年多年平均 ET_0 由小到大的顺序排列的。

或改为：

表1中站名的顺序按各站1961—2001年多年平均 ET_0 由小到大的顺序排列。

(28)其中约有20~30%的动物是在缺氧过程中死亡。

改为：

其中有20%~30%的动物是在缺氧过程中死亡的。

或改为：

其中有20%~30%的动物在缺氧过程中死亡。

(29)该系统是通过探测物质对X线不同程度的散射强度来区分不同原子序数和密度的物质，可有效地对低原子序数、高密度的爆炸物或毒品等违禁品检测。

主宾不搭配；此外，还有别的语病。改为：

该系统是通过探测物质对X线不同程度的散射强度来区分不同原子序数和密度的物质的，可有效地用于对低原子序数、高密度的爆炸物或毒品等违禁品的检测。

或改为：

该系统通过探测物质对X线不同程度的散射强度来区分不同原子序数和密度的物质，可有效地用于对低原子序数、高密度的爆炸物或毒品等违禁品的检测。

(30)二倍角的列式也是比较复杂。

改为：

二倍角的列式也是比较复杂的。

或改为：

二倍角的列式也比较复杂。

4. 主语是谓词性短语，宾语则是名词性短语，或者相反。若未注意这种主语词组与宾语词组类型的一致性，也会造成主宾不搭配。例如：

(31) 明末西方传教士邓玉函与中国士人王徵共同译撰《远西奇器图说录最》是第一部系统地介绍欧洲力学与机械知识的专著。

"的"这1个字脱漏导致主宾不搭配——主语"译撰《远西奇器图说录最》"是动宾结构(谓词性短语)，而宾语"专著"是名词。改为：

明末西方传教士邓玉函与中国士人王徵共同译撰的《远西奇器图说录最》是第一部系统地介绍欧洲力学与机械知识的专著。

(32) 青枯菌引起马铃薯青枯病是仅次于晚疫病的世界性第二大病害。

主语是谓词性结构"青枯菌引起马铃薯青枯病"，而宾语是名词"病害"，主宾不搭配。改为：

青枯菌引起的马铃薯青枯病是仅次于晚疫病的世界性第2大病害。

(33) 以新鲜分离 Allo-NK 细胞为效应细胞。

改为：

以新鲜分离的 Allo-NK 细胞为效应细胞。

(34) 从培养类型来看，这些研究生主要分为两类：一类是为高校培养师资，一类是为开展中国古代科技史研究培养专门人才。

"培养师资"和"培养人才"是动宾词组，不能与主语"研究生"搭配。改为：

从培养类型来看，这些研究生主要分为2类：一类是为高校培养的师资，一类是为开展中国古代科技史研究培养的专门人才。

这样，"研究生"是"师资"和"专门人才"，主宾就搭配了。

3.3　动词同宾语不搭配

句子的宾语是谓语动词的后续部分。谓语动词与宾语的关系主要有以下4种：

1)支配与被支配的关系,如“起重机吊装集装箱”中的动词“吊装”支配宾语“集装箱”;

2)动作与结果的关系,宾语表示动作行为产生的结果,如“根据相应的体积公式算出体积”中的宾语“体积”即表示动词“算出”产生的结果;

3)动作行为表示宾语代表的事物的存在、出现、消失的状况,如“中层厚,呈网络状,其间有不规则的空隙”“气缸内响起断续的金属敲击声”等;

4)宾语表示动作行为的处所,如“电信号进入处理器”。

所谓动宾搭配不当,就是动词同宾语在语义上、习惯上不存在上述4种关系,或者因语法关系而不能相互配合(如给不及物动词强加上宾语)。

动词同宾语不搭配直接表现在以下几个方面。

1. 动词或宾语选词不当。例如：

(1)[题名] 中国参与全球大洋探索的步伐。

“参与步伐”不搭配。改为：

中国参与全球大洋探索。

或改为：

中国加快参与全球大洋探索的步伐。

(2)[摘要] 为了提高热矿筛的工作效率,提出了改进筛板材质量的必要性,优化了筛板化学成分,并用铌、锌、镁、钛、钙和铈进行复合变质处理。

“提出了必要性”,不搭配。改为：

为了提高热矿筛的工作效率,改进筛板材质量十分必要。优化了筛板化学成分,并用铌、锌、镁、钛、钙和铈进行了复合变质处理。

(3)[摘要] 通过对 WLAN 运营数据的分析,得出了当前状态下 WLAN 的主要用户特点。通过对运营方式和技术本身的分析提出了目前基于瘦 AP 方案的 WLAN 运营和建设的整体思路,并对 WLAN 可以开通的业务和营收模式做了相应的建议。

"得出了特点""做了建议",都不搭配;此外,还有别的语病。改为:

通过对 WLAN 运营数据的分析,总结出当前状态下 WLAN 主要用户的特点。通过对运营方式和技术本身的分析,提出了目前基于瘦 AP 方案的 WLAN 运营和建设的整体思路,并对 WLAN 可以开通的业务和营收模式提出了相应的建议。

(4)由于该技术尽可能多地依靠组培植物自身的光合能力,解决了传统组培技术由于培养器内 CO_2 浓度过低、气体交换不足以及弱光环境等对组培植株的光合能力的制约,简化了培养程序,种苗的成活率和壮苗率大大提高。

"解决了制约",不搭配;此外,还有别的语病。改为:

由于该技术尽可能多地依靠组培植物自身的光合能力,解决了传统组培技术由于培养器内 CO_2 浓度过低、气体交换不足以及弱光环境等制约组培植株光合能力的问题,简化了培养程序,使种苗的成活率和壮苗率大大提高。

(5)在大跨越工程中,由于装设了阻尼线和防振锤之类的消声措施后,悬锤线夹出口处的导线在整个风振频段范围内已经受到了很好保护。

"装设了措施",不搭配。改为:

在大跨越工程中,由于装设了阻尼线和防振锤之类的消声器件,悬锤线夹出口处的导线在整个风振频段范围内已经受到了很好保护。

(6) 一切从生产出发,起到了很好的效果。

“起到效果”动宾不搭配。改为:

一切从生产出发,取得了很好的效果。

(7) 利用计算机仿真技术,调度员可以参与虚拟现场条件下的实际操作,能够加速其对于各种常规调度情况的计划和调度命令制定、修改、下达的掌握和理解程度。

“加速程度”动宾不搭配。“程度”删去,“加速”与“掌握和理解”就搭配了。改为:

利用计算机仿真技术,调度员可以参与虚拟现场条件下的实际操作,能够帮助他们加速对于各种常规调度情况的计划和调度命令制定、修改、下达的掌握和理解。

(8) 术前积极而有效地纠正肾功能对帮助患者耐受手术、促进术后恢复、缩短住院时间,改善预后相当重要。

“纠正肾功能”不搭配;此外,还有别的语病。改为:

术前积极而有效地改善肾功能对于帮助患者耐受手术、促进术后恢复、缩短住院时间,改善预后相当重要。

(9) 在维持治疗阶段,保持 CsA 的血药浓度在 60 ~ 80 μg/L 能减少远期的复发率。

“减少复发率”不搭配;此外,还有别的语病。改为:

在维持治疗阶段,把 CsA 的血药质量浓度保持在 60 ~ 80 μg/L 的范围内,能降低远期的复发率。

(10) 这些都给中国航天事业打了足够的底劲。

“打足了底劲”不搭配,也有些口语化。改为:

这些都给中国航天事业打下了深厚的基础。

(11) 这全面拉开了本钢炼铁生产的辉煌新篇。

一般说成“拉开了序幕”,而说“拉开了辉煌新篇”,不搭配。改为:

这谱写了本钢炼铁生产的新篇章。

(12)在这种情况下,杜石然坚持读完了研究生。

“读完了研究生”,不搭配,也有些口语化。宜改为:

在这种情况下,杜石然坚持完成了研究生学业。

(13)在通常的磁性隧道结中普遍采取了用反铁磁钉层来钉扎参考层的自旋阀式结构,而极少采用另一种不采用反铁磁钉扎,仅依靠两磁性层间的矫顽力差别(例如采用不同厚度的磁性层)实现外磁场下的平行和反平行状态的赝自旋阀结构。

并列结构“采取了”与“采用”不均衡对称,“采取了结构”动宾不搭配;此外,还有别的语病。改为:

对于通常的磁性隧道结,普遍采用以反铁磁钉层来钉扎参考层的自旋阀式结构,而极少采用无反铁磁钉扎,仅依靠两磁性层间矫顽力的差别(例如采用不同厚度的磁性层)实现外磁场条件下的平行和反平行状态的赝自旋阀结构。

(14)我们的企业工会作为党领导的职工群众自愿结合的群众组织,承担了党联系群众的桥梁和纽带作用,承担了职工群众合法权益的代表者和维护者的责任。

“承担作用”,不搭配。改为:

我们的企业工会作为党领导的职工群众自愿结合的群众组织,是党联系群众的桥梁和纽带,也是职工群众合法权益的代表者和维护者。

或改为:

我们的企业工会作为党领导的职工群众自愿结合的群众组织,是党联系群众的桥梁和纽带,承担了职工群众合法权益的代表者和维护者的责任。

(15)本文从工程实践和研究进展2个方面,全面介绍了水电站压力管道取消常规伸缩节的近期成果,并展望了需进一步研究的一些问题。

“展望了问题”,不搭配。改为:

本文从工程实践和研究进展 2 个方面,全面介绍了水电站压力管道取消常规伸缩节的近期成果,并提出了需进一步研究的一些问题。

(16)腹腔内化疗比系统性化疗更能延长患者的生存率。

“延长生存率”,不搭配。改为:

腹腔内化疗比系统性化疗更能提高患者的生存率。

(17)在此期间,领导者需做出及时、正确的应对措施,同时要协调好各种关系和作好各种公关工作。

“做出应对措施”,不搭配;“作好工作”也不搭配。改为:

在此期间,领导者需及时提出正确的应对措施,同时要协调好各种关系并做好各种公关工作。

(18)调查资料显示,我国大约有 86.7% 的人不同程度地患有心理问题,比如,抑郁、焦虑、心理紧张等。

“患有问题”不搭配。改为:

调查资料显示,我国大约有 86.7% 的人不同程度地患有心理疾病,如抑郁、焦虑、心理紧张等。

或改为:

调查资料显示,我国大约有 86.7% 的人不同程度地存在心理问题,如抑郁、焦虑、心理紧张等。

(19)本研究开辟了一条 PEG-PEI 共聚物的新的制备方法。

“开辟了方法”,不搭配;此外,还有别的语病。改为:

本研究提出了一种制备 PEG-PEI 共聚物的新方法。

(20)结果证明中间 Fe 层岛状颗粒导致 Coulomb 阻塞效应,并在实验中起到十分重要的角色,它的大小决定了实验的量子阱共振位置以及信号的强弱。

“起到”不能与“角色”搭配。改为:

结果证明中间 Fe 层岛状颗粒导致 Coulomb 阻塞效应,并在实验中起到十分重要的作用,它的大小决定了实验的量子阱共振位置以及信号的强弱。

(21)江水源泉热泵则是利用自然水源提高制冷或供热的效果。

"提高效果"不搭配;此外,还有别的语病。改为:

江水源泉热泵则是利用自然水源增强制冷或供热效果的。

(22)此时,如果过度使用肥皂清洗或用过热的水清洗,就会加重皮脂膜的不足。

"加重不足"不搭配,改为:

此时,如果过度使用肥皂清洗或用过热的水清洗,就会抑制皮脂膜功能的发挥。

(23)增加聚酯纤维的染色能力

"增加能力"不搭配。改为:

增强聚酯纤维的染色能力

(24)得到了预期的目标

"得到目标"不搭配。改为:

达到了预期的目标

(25)被用来克服上述问题

"克服问题"不搭配。改为:

被用来解决上述问题

2. 对谓语和宾语位置上的联合词组照顾不周。例如:

(26)此次会议的召开对我国稀土工业的技术发展、结构调整将起到积极的推动作用和深远的影响。

"起到积极的推动作用"是搭配的,而"起到深远的影响"则不搭配。改为:

此次会议的召开对我国稀土工业的技术发展和结构调整,将起到积极的推动作用,并产生深远的影响。

(27)近年来,J 积分在理论和试验方面都有了很大发展,已经建立了一些 J 积分的测量方法和表达式[1,2]。

“建立了表达式”可以,“建立了方法”不搭配。改为:

近年来,J 积分在理论和试验方面都有了很大发展,已经提出了一些 J 积分的测量方法并建立了表达式[1-2]。

3. 出现了假宾语。有些词语形式上是宾语,但实际上却是假宾语。例如:

(28)比较通俗地讲,有机农业是一种在生产中完全不使用化学合成的肥料、农药、除草剂、生长调节剂和饲料添加剂以及转基因技术的农业生产体系,有机农业生产主要依靠系统内部有机废弃物的利用和种植绿肥来解决土壤肥力。

“解决土壤肥力”,不搭配,“土壤肥力”是假宾语,而真正的宾语未出现。应补充出来。改为:

比较通俗地讲,有机农业是一种在生产中完全不使用化学合成的肥料、农药、除草剂、生长调节剂和饲料添加剂以及转基因技术的农业生产体系,有机农业生产主要依靠系统内部有机废弃物的利用和种植绿肥来解决土壤肥力问题。

(29)……从而促进健康水平。

“促进健康水平”,不搭配。“健康水平”是假宾语。改为:

……从而促进健康水平的提高。

(30)……因此,北京可以说已经进入老年型地区。

“进入老年型地区”,不搭配,“地区”是假宾语;此外,还有别的语病。改为:

……因此,可以说北京已经进入老年型地区的行列。

或改为:

……因此,可以说北京已经是老年型地区。

(31)如广州、上海、北京等城市都采用不同技术进行了城市河道的治理工程。

“进行了治理工程”,不搭配。有时,画蛇添足,在真宾语后边再加上某些词语，如这里的“工程”做宾语，实际上是假宾语。改为：

如广州、上海、北京等城市都采用不同技术对城市河道进行了治理。

(32)在教学过程中，培养学生正确使用网络、合作学习、共同解决问题等能力的培养。

“培养”什么“能力”，动宾已搭配了，可是又在其后添上“培养”，“培养”即是假宾语。改为：

在教学过程中，培养学生正确使用网络、合作学习、共同解决问题等方面的能力。

3.4 定语同中心语不搭配

(1)现有的检测方法都存在一些不尽如人意的缺陷。

难道还有尽如人意的缺陷吗？改为：

现有的检测方法都存在一些缺陷。

或改为：

现有的检测方法都不尽如人意。

(2)监视器的目的是显示信号的原貌。

“监测器的”与“目的”不搭配；此外，还有其他语病。

改为：

监视器的功用是显示信号的原貌。

或改为：

监视器的功能是显示信号的原貌。

或改为：

监视器的作用是显示信号的原貌。

或改为：

设置监视器的目的是显示信号的原貌。

(3)在风能发展方面，中国是世界上最快的风能生产者。

“最快的”与“生产者”不搭配。改为：

在风能利用方面，中国是世界上发展最快的国家。

(4)超高液相色谱以超强分离能力和速度、超高灵敏度、与 HPLC 简单方便的方法转换、良好的质谱入口等特点为现代色谱分析开创了广阔的前景。

此处“超强分离能力和速度”中“超强速度”搭配不当。改为：

超高液相色谱以超强分离能力、超快分离速度、超高灵敏度、与 HPLC 简单方便的方法转换、良好的质谱入口等特点为现代色谱分析开创了广阔的前景。

(5)要进行模板匹配法目标识别，首先需要选取训练样本，建立模板库。

在“进行目标识别”这一动宾结构中，“模板匹配法”做宾语的定语，显然不通。改为：

要利用模板匹配法进行目标识别，首先需要选取训练样本，建立模板库。

(6)这会引起各方的严重关注。

定语“严重”与中心词“关注”不搭配。改为：

这会引起各方的高度关注。

(7)互相协调配合应该是一个智慧的选择。

定语“智慧”与中心词“选择”不搭配。改为：

互相协调配合应该是一种明智的选择。

(8)高昂的姿态和斗志

说“高昂的斗志”可以，而说“高昂的姿态”则不可以。改为：

战斗的姿态和高昂的斗志

(9)1 万余名家庭和教师参加了家庭教育专题报告会。

说“1 万余名教师”，可以，而说“1 万余名家庭”，则不可以。到底多少家庭、多少教师参加报告会，未说清楚。

(10)加热的水流量采用超声流量计进行测量。

定语“加热的”与中心语“水流量”不搭配;“进行”多余。改为:

加热的水的流量采用超声流量计测量。

(11)康明斯是全球最大的发动机生产企业,专注于发动机技术的研究和制造,积累了丰富的经验。

说“发动机技术的研究”可以,而说“发动机技术的制造”则不可以。改为:

康明斯是全球最大的发动机生产企业,专注于发动机的技术研究和制造,积累了丰富的经验。

(12)本刊将会在下一期为您带来全新R系列的试驾文章。

什么是“试驾文章”?说不通。改为:

本刊将会在下一期为您带来有关试驾全新R系列的文章。

3.5 动词同补语不搭配

一般认为红层泥岩不宜用作填筑高速铁路路基。

动词“用作”与补语“路基”搭配不当。

改为:

一般认为红层泥岩不宜用于填筑高速铁路路基。

或改为:

一般认为红层泥岩不宜用作填筑高速铁路路基的填料。

第4章　语序颠倒

汉语的显著特点之一是句子中词语的次序比较固定。汉语的词缺少形态变化，表示词与词的关系主要依靠它们的排列次序。次序不同，语法关系和语义便不相同。

科技文章中常见的语序颠倒这类语病主要表现在以下几个方面。

4.1　主语和谓语次序颠倒

科技文章中应尽可能不用倒装句，一般句子都应是主语在前，谓语在后（宾语是谓语的后续部分）。

主语和谓语的位置不当，常引起语法、逻辑和语义上的错误。例如：

（1）在机械产品急需更新换代之际，是值得研究这一问题的。

“这一问题”应是主语，由于放错了位置，使得全句无主语。改为：

在机械产品急需更新换代之际，这一问题是值得研究的。

（2）生存期采用 Kaplan-Meier 计算法。

如此倒装，表意不明。改为：

采用 Kaplan-Meier 法计算生存期。

（3）不少抗癌药物在老年患者的应用中很谨慎。

谁应“谨慎”？当然不是“抗癌药物”。这里，主语是“人们”，被省略了。改为：

将抗癌药物用于老年患者时应很谨慎。

（4）由于盾构法的特点已成为我国地铁隧道施工中一种重要的施工方法。

“由于”位置不对,使句子缺主语。改为:

盾构法由于有其特点,已成为我国地铁隧道建设中一种重要的施工方法。

(5)黄河因含沙量极大,水的透明度为世界上最低的河流之一。

“水的透明度”为“河流之一”,判断不成立。“水的透明度”不是主语,不应占据主语的位置。改为:

黄河因含沙量极大,为世界上水的透明度最低的河流之一。

(6)为了解决这个问题,本程序在编制过程中,设计了一个轴的通用模型。

“本程序设计了(什么)”,逻辑上讲不通。原来“本程序”不是主语(本文作者才是主语,在科技论文中可以按“有条件的自述省主”方式,把主语省去),不应处于主语的位置上。改为:

为了解决这个问题,在编制本程序的过程中设计了一个轴的通用模型。

(7)每个试验号进行试验时应测取多个数据。

未考虑主谓语的次序,导致句子不通,语义不明。改为:

试验时,对于每个试验号应测取多个数据。

(8)农牧民住宅采用暖气采暖建议作为火炕的补充,不能全部依靠暖气采暖。

“建议”的主语不应是“农牧民住宅采用暖气采暖”,而是本文作者,被省略了。改为:

建议农牧民住宅采用火炕作为暖气采暖的补充,不能全部依靠暖气采暖。

(9)因此,该药对哺乳期妇女应引起警惕。

语序不对,用词不当,造成逻辑混乱,意思不明。改为:

因此,哺乳期妇女服用该药时应特别小心。

4.2　定语的次序颠倒

单项定语的次序颠倒

单项定语次序颠倒的语病，一般有以下几种情况。

1. 定语与中心语位置颠倒。 定心词组中一般应是定语在前，中心语在后，否则句子不通。例如：

(1) 20 ℃的水在新铸铁管直径 $d=300$ mm 中以流速 $v=0.5$ m/s 流动。

“新铸铁管”和“流速”应是中心语，相应的定语是“直径 $d=300$ mm”和“流速 $v=0.5$ m/s”，定语应放在中心语的前边。改为：

20 ℃的水在直径为 300 mm 的新铸铁管中以 0.5 m/s 的速度流动。

(2) [层次标题]

2.3　组织全国性销售网络雏形

组织的是“销售网络”，而不是“网络雏形”。改为：

2.3　组织全国性雏形销售网络

(3) [摘要] 分析了力与位移效应以及材料不同弹性模量对结构反应的影响。……

改为：

分析了力与位移效应以及弹性模量不同的材料对结构反应的影响。……

2. 应该放在名词前的定语，却误放在动词前边做了状语。 例如：

(4) 这是有效地防止血清污染的方法。

“有效”本应做“方法”的定语，却做了动词“防止”的状语，读起来就感到别扭。改为：

这是防止血清污染的有效方法。

(5) 从理论上讲，任何个人或者公司，都可以在因特网上面向全球开展应用的运营服务，只要其应用或服务足够有吸引力，就会很快引起人们的关注；因此，因特网为创新提供了很好的条件。

“足够”本应做“吸引力”的定语，却做了动词“有”的状语，读起来别扭。改为：

从理论上讲，任何个人或者公司，都可以在因特网上面向全球开展应用的运营服务，只要其应用或服务有足够的吸引力，就会很快引起人们的关注；因此，因特网为创新提供了很好的条件。

(6)所有的回归结果具有较高的精度和可靠性，可为荷载选用干扰因子取值提供快捷的参考。

形容词“快捷”放错了位置：做“参考”的定语，意思不对(参考无所谓快捷不快捷)。改为：

所有的回归结果具有较高的精度和可靠性，可为荷载干扰因子的快捷取值提供参考。

3. 做定语的词组中词语的次序颠倒。词组做定语时，用什么样的词组(是主谓词组、动宾词组，还是其他词组)是有讲究的；而词组内词语的次序往往决定了词组的类型，如“工业发展”是主谓词组，也是偏正词组，而“发展工业”就是动宾词组。不注意定语词组类型的选择，常常会使句子别扭或不通顺。例如：

(7)下面是在参数分析的基础上所建立的设计参数合理选择的原则。

定语中用了主谓词组“设计参数合理选择”，读起来别扭，不如改为动宾词组，这样比较顺口。改为：

下面是在参数分析的基础上所建立的合理选择设计参数的原则。

(8)……另一方面，允许使用较低深度花纹的轮胎，也使得测试结果进一步脱离实际情况。

中心语“轮胎”的定语“较低深度花纹”读起来别扭。改为：

……另一方面，允许使用花纹深度较小的轮胎，也使得测试结果进一步脱离实际情况。

(9)设计的增值堆主要目的是生产裂变燃料 U-233。

中心语“主要目的”的定语应是动宾词组“设计增值堆”,却误用成偏正词组“设计的增值堆”,读起来别扭。改为:

设计增值堆的主要目的是生产裂变燃料 U-233。

(10)在不同的摩擦因数路面上……。

定语“不同的”是限定“摩擦因数”而不是限定“路面”的,“摩擦因数路面”也说不通。“路面”的定语应当用主谓词组,却误用成偏正词组。改为:

在摩擦因数不同的路面上……。

(11)园区内还有高尔夫球车大小的纯电动场馆观光车,以及较大体积的燃料电池观光车。

改为:

园区内还有高尔夫球车大小的纯电动场馆观光车,以及体积较大的燃料电池观光车。

如此修改,句子比较顺当。

(12)现在我们主要的盈利都是靠自有品牌,而与国外的合作品牌只作为一种辅助品牌。

“国外的合作品牌”,意思为“合作品牌”是国外的,而与前一个分句联系起来看,这一合作品牌是国内与国外合作创造的。改为:

现在我们主要的盈利都是靠自有品牌,而与国外合作的品牌只作为一种辅助品牌。

综合定语的次序颠倒

综合定语,也叫多项定语。综合定语的次序比较严格。按其逻辑关系,综合定语应按如下次序安排:

第 1 位,表示领属,一般用名词或代词;

第 2 位,表示时间、处所,用时间词、处所词;

第3位，表示数量，用数量词组或指示代词；

第4位，表示性状，用主谓词组、动宾词组、介词词组；

第5位，同第3位，即表示数量的定语既可以处于第3位，也可处于第5位；

第6位，表示质料，用动词、形容词、状心词组；

第7位，表示种属，用不带"的"的名词或者形容词。

不按照这一逻辑顺序安排定语，即综合定语次序颠倒，就会引起结构混乱或修饰关系不清，或不符合语言习惯。例如：

(1) 某国内名校

"国内"属处所定语，应放在前边。改为：

国内某名校

(2) 有效最终结果

表示质料的定语"有效"应在表示种属的定语"最终"之前。改为：

最终有效结果。

(3) 在巨大的低油耗、低污染的诱惑下

表示种属的定语"巨大"应在表示质料的定语"低油耗、低污染"之后。改为：

在低油耗、低污染的巨大诱惑下

(4) 在中国汉族南、北方人群中……。

表示处所的定语"南、北方"应在表示种属的定语"汉族"之前。改为：

在中国南、北方汉族人群中……。

(5) 许多国内外研究成功运用计算机模拟方法探讨薄膜的生长机制，并提出多种模拟手段来重现与薄膜生长相关的物理过程。

表示领属的定语"国内外"应放在表示数量的定语"许多"之前，改为：

国内外许多研究成功运用计算机模拟方法探讨薄膜的生长机制，

并提出多种模拟手段来重现与薄膜生长相关的物理过程。

(6)……未出现严重不良反应和早期疾病复发的问题。

领属定语“疾病”应在时间定语“早期”之前。改为:

……未出现严重不良反应和疾病早期复发的问题。

4.3　状语的次序颠倒

句子的状语有 2 个位置:一个在句首,叫做句首状语,是全句的状语;一个在主语和谓语之间,叫做句中状语。

状语的一般次序是:表示限制的状语(如时间名词、处所名词,表示时间、地点、条件、原因、结果等的介词词组)通常放在句首,而描写性的状语一般放在句中。

下面的例子里,状语的位置不对。

(1)我们为了实用、方便,并能更好地推广应用,编制了通用计算程序。

目的状语应放在句首。改为:

为了实用、方便,并能更好地推广应用,我们编制了通用计算程序。

(2)车用柴油机为了提高缸孔的使用寿命,一般采用镶铁缸套或钢质冷拔镀铬缸套。

“车用柴油机”放在句首不仅使句首状语位置不对,而且它占据了主语的位置,造成与谓语动词“采用”语义上不搭配。改为:

为了提高车用柴油机缸孔的使用寿命,一般采用镶铁缸套或钢质冷拔镀铬缸套。

(3)本系统在把铁水浇入样杯后 25 s 左右,显示器自动显示出液相线温度及液相线碳当量。

时间状语应放在句首。改为:

在把铁水浇入样杯后 25 s 左右,本系统显示器自动显示出液相线温度及液相线碳当量。

(4)鸡群在给药期仅见食欲减退,饮水也相应减少,鸡体表现无力,不爱活动,但精神正常。

时间状语应放在句首。改为:

在给药期仅见鸡群食欲减退,饮水也相应减少,鸡体表现无力,不爱活动,但精神正常。

(5)血脂在用药的情况下未达标怎么办?

条件状语应放在句首。改为:

在用药的情况下血脂未达标怎么办?

(6)循环负荷过重的情况经减慢补液滴速和利尿处理后好转。

条件状语应放在句首。改为:

经减慢补液滴速和利尿处理后,循环负荷过重的情况有所好转。

(7)……所以,在软黏土土坡稳定性评估中抗剪强度的取值是仍然一个值得进一步研究的问题。

句中状语"仍然"应在谓语动词前边。改为:

……所以,在软黏土土坡稳定性评估中抗剪强度的取值仍然是一个值得进一步研究的问题。

(8)现阶段不鼓励其常规在输血前使用。

改为:

现阶段不鼓励其在输血前常规使用。

4.4 注释语放错了位置

注释说明语放错了位置,会导致注释说明关系失准。

注释说明语(一般用括号表示,有时也用破折号表示,正文中的参考文献序号也属于这类情况)应紧跟着被注释说明的词语。例如:

(1)中低频电可以使用较大的电流强度(6 000 ~ 8 000 Hz)来引起深部肌肉强烈的收缩。

"6 000 ~ 8 000 Hz"是说明"中低频"的,而不是说明"电流"的;还有别的语病。此外，"电流强度"应为"电流"，"使用"宜改为"采用"，单位前的数值已经超过"1 000"，需要改换词头。改为：

对于中低频(6 ~ 8 kHz)电，可以采用较大的电流来引起深部肌肉强烈的收缩。

(2)对于许多发生肿瘤的组织而言，自我更新是必要的(如消化道、皮肤、骨髓)。

注释说明语应紧跟被注释词语之后。改为：

对于许多发生肿瘤的组织(如消化道、皮肤、骨髓)而言，自我更新是必要的。

(3)给药后2 h肿瘤组织以外的其他各组织内(血浆、肝、肾、皮肤、肌肉)血卟啉含量均达到其代谢过程的最高点。

"血浆、肝等"是注释"组织"的，而不是注释"内"的。改为：

给药后2 h肿瘤组织以外的其他各组织(血浆、肝、肾、皮肤、肌肉)内血卟啉含量均达到其代谢过程的最高点。

(4)当横向钢筋含量很高时(箍筋间距 s 很小)，倾斜裂缝不展开，倾斜塑性铰也就不能形成，所有应力都集中在法向截面上。

"箍筋间距 s 很小"是从另一角度说明"横向钢筋含量很高"的，而不是说明"时"的。改为：

当横向钢筋含量很高(箍筋间距 s 很小)时，倾斜裂缝不展开，倾斜塑性铰也就不能形成，所有应力都集中在法向截面上。

(5) B. Petersson 提出了有效导纳的概念(Effective mobility)。

"effective mobility"是"有效导纳"的英文注释，而不是"概念"的注释；此外，非专有名词，首字母不大写。改为：

B. Petersson 提出了有效导纳(effective mobility)的概念。

(6)沉埋管段法不适于特长隧道(大于6 km)。

"大于6 km"是注释"特长"的。改为：

沉埋管段法不适于特长(大于6 km)隧道。

(7) 在此过程中(即降速干燥阶段)物料水分由 30% 降至 10% ~12%。

“即降速干燥阶段”是说明“过程”的。改为:

在此过程(即降速干燥阶段)中物料水分由 30% 降至 10% ~12%。

(8)试验材料为市售的 304 圆棒,成分为(质量分数):C:0.08%,Si:1.00%,Mn:2%,P:0.027%,S:0.031%,Cr:17.5%,Ni:8.05%,其余为 Fe。

“质量分数”是注释“成分”的,即该“成分”用“质量分数”表示,应紧跟着“成分”;此外,还应避免在同一语言片段中冒号套冒号。改为:

试验材料为市售的 304 圆棒,成分(质量分数)为:C,0.08%;Si,1.00%;Mn,2%;P,0.027%;S,0.031%;Cr,17.5%;Ni,8.05%;其余为 Fe。

(9)结果表明(见表 1)……。

“见表 1”是注释“结果”而不是注释“表明”的。改为:

结果(见表 1)表明……。

(10)核心部件是 DMC(驾驶模式)控制装置。

D、M、C 分别是 driving、model、condroll 的缩写,因此,“控制”也是注释语的一部分。改为:

核心部件是 DMC(驾驶模式控制)装置。

(11)我们提出将激光产生的等离子体通道用作天线的思想——等离子体通道天线。

“等离子体通道天线”是解释“天线”而不是解释“思想”的。改为:

我们提出将激光产生的等离子体通道用作天线——等离子体通道天线——的思想。

(12)以前的多项研究与本文的研究结果相同[7,13-15],但与少数报道不尽相同[6,16]。

文献序号应紧跟着与文献相关的词语。改为：

以前的多项研究[7,13-15]与本文的研究结果相同，但与少数报道[6,16]不尽相同。

(13)日本学者町田辉史等认为[2]，……。

改为：

日本学者町田辉史等[2]认为，……。

(14)……而结构的耐久性则是在长期作用下(环境、循环载荷等)结构抵御性能劣化的能力。

此例不是注释语位置放错，而是括号中的词语不能作为注释语。改为：

……而结构的耐久性则是在环境、循环载荷等长期作用下结构抵御性能劣化的能力。

4.5 介词放错了位置

(1)本研究在高龄患者中，异常心肌显像组的一般心脏事件发生率和恶性心脏事件发生率显著高于正常显像组。

介词“在”放错了位置，使“本研究”成为主语，不通。改为：

在本研究的高龄患者中，异常心肌显像组的一般心脏事件发生率和恶性心脏事件发生率显著高于正常显像组。

(2)由于地裂缝的活动属于缓变性地质灾害，属不可抗拒作用，无论采取何种方案都不能仅采取通过加强结构刚度的措施来抵抗地裂缝活动导致的结构错位，而需要首先考虑在一定程度上适应地裂缝的活动产生的变形。

“采取……的措施”是嵌入“通过……来抵抗……”的成分，将介词“通过”与动词“采取”颠倒，造成结构混乱。改为：

由于地裂缝的活动属于缓变性地质灾害，属不可抗拒作用，无论采取何种方案都不能仅通过采取加强结构刚度的措施来抵抗地裂缝活动导致的结构错位，而需要首先考虑在一定程度上适应地裂缝的活动产生的变形。

(3)SDT 自提出以来，国内外学者就超声激活血卟啉杀伤肿瘤细胞的作用机制从实验装置、声敏剂的选择、超声参数的应用以及杀伤方法的检测上进行了大量工作，并取得了初步成效[2-6]。

介词“自”放错了位置，使“SDT”成为主语，它不应处在主语的位置，主语是“国内外学者”；此外，还有别的语病。改为：

自 SDT 提出以来，国内外学者就超声激活血卟啉杀伤肿瘤细胞的作用机制从实验装置、声敏剂的选择、超声参数的应用到杀伤方法的检测进行了大量工作，并取得了初步成效[2-6]。

4.6 结构助词“的”放错了位置

结构助词“的”放错了位置，导致修饰关系错误，读起来感到别扭。例如：

(1)建立一个合宜的可靠 PVL 动物模型至关重要。

改为：

建立一个合宜、可靠的 PVL 动物模型至关重要。

(2)土壤中高可溶性盐分成为制约当地农业生产的最重要因素。

改为：

土壤中高可溶性盐分成为制约当地农业生产最重要的因素。

(3)混凝土结构中钢筋锈蚀是导致结构耐久性降低的最主要原因。

改为：

混凝土结构中钢筋锈蚀是导致结构耐久性降低最主要的原因。

(4)高温少雨是西南地区出现干旱的最直接原因。

改为：

高温少雨是西南地区出现干旱最直接的原因。

(5)眼内容物的多少又受房水的生成和回流的速度影响。

改为：

眼内容物的多少又受房水的生成和回流速度的影响。

(6)自科学诞生以来，现代社会文明的演进及人类智力的提高呈现出加速趋势，当代科技的迅猛发展，更是极大地改变了世界的面貌和人类的生活，成为推动现代社会进步的最活跃因素。

“成为推动现代社会进步的最活跃因素”应改为“成为推动现代社会进步最活跃的因素”。

(7)笔者在简述中国秸秆资源“5F”利用方式的现状基础上……。

改为：

作者在简述中国秸秆资源“5F”利用方式现状的基础上……。

(8)为了保证精度，必须将运动部分的产生振动和曝光部分隔离。

“的”位置不当。改为：

为了保证精度，必须将运动部分产生的振动与曝光部分隔离。

4.7 其他语序问题

除了上述的语序问题，科技文章中还会遇到一些特殊的语序问题。例如：

(1)膨润土用量可由1方案所需的2.5%大幅下降到1.0%。

“1方案”中用阿拉伯数字，可理解为“1个”方案。这里不是这个意思。为了消除歧义，改为：

膨润土用量可由方案1所需的2.5%大幅下降到1.0%。

(2)将(3)式代入(5)式可得……。

按科技出版界的约定俗成，改为：

将式(3)代入式(5)可得……。

(3)按照《铁路工程抗震设计规范》(GB 50111—2006)判定其液化

特征。

涉及标准的引用，应先说标准代号，后说标准名称。改为：

按照 GB 50111—2006《铁路工程抗震设计规范》判定其液化特征。

此外，在文中第一次引用标准时，需要写出标准全称，以后再引用同一标准时，标准名称可以省去，如果不会引起歧义，甚至连标准发布年份及其前的连接号（如此例中的“—2006”）均可省去。

第5章　结构混乱

句子的结构混乱表现在诸多方面。前面讨论到的许多病句就属结构混乱。这里讨论其他方面的情形。

5.1　粘连

一句话结构已经完整,却把后一句硬往前一句上粘。其实,它们是2种独立的结构,应当说成2句话。修改的方法是:用加逗号的办法把头一句话的多余部分分离出来,并补上所缺的词语(如果缺少的话),使之成为另一句话。例如:

(1)我国是食管癌高发区,食管癌病死率仅次于胃癌居第2位,食管癌的发生以及防治成为研究的热点。

"食管癌病死率仅次于胃癌"与"居第2位"粘连;此外,还有别的语病。改为:

我国是食管癌高发区,其病死率仅次于胃癌,居第2位;所以,食管癌的发生以及防治成为研究的热点。

(2)在冲击速度很小的情况下,首先形成垂直的弯曲裂缝,其后形成由弯-剪联合作用产生的倾斜裂缝见图1(b)。

"其后形成由弯-剪联合作用产生的倾斜裂缝"与"见图1(b)"粘连,改为:

在冲击速度很小的情况下,首先形成垂直的弯曲裂缝,其后形成由弯-剪联合作用产生的倾斜裂缝,见图1(b)。

(3)有了前面的原因分析,我们构建了通信产业复合型组织模式如图2。

“我们构建了通信产业复合型组织模式”与“如图2”粘连，改为：

有了前面的原因分析，我们构建了通信产业复合型组织模式，如图2。

(4)为验证上面分析的正确性，用中国电力科学研究院综合稳定程序算得系统此时的功角曲线如图6所示。

“用中国电力科学研究院综合稳定程序算得系统此时的功角曲线”与“如图6所示”粘连，改为：

为验证上面分析的正确性，用中国电力科学研究院综合稳定程序算得系统此时的功角曲线，如图6所示。

(5)根据运营部门及总体单位提供的车站管理人员定额标准及相关技术规范，得出车站2个典型空调系统中的房间新风量如表1、表2。

“得出车站2个典型空调系统中的房间新风量”与“如表1、表2”粘连，改为：

根据运营部门及总体单位提供的车站管理人员定额标准及相关技术规范，得出车站2个典型空调系统中的房间新风量，如表1、表2。

或改为：

根据运营部门及总体单位提供的车站管理人员定额标准及相关技术规范，得出的车站2个典型空调系统中的房间新风量如表1、表2。

(6)低于早先的预测为248万t。

“低于早先的预测”与“为248万t”粘连，改为：

低于预测值，为248万t。

(7)式中η_i为修正系数取≤1。

“η_i为修正系数”与“取≤1”粘连，改为：

式中η_i为修正系数，取$\eta_i \leq 1$。

(8)我们标记新晶格上各物理参量带上一撇，包括长度标度L'，交换参量J'，外场H'……。

“我们标记新晶格上各物理参量”，句子已经完整，可是其后又有“带上一撇”，造成句子粘连。改为：

我们以带“′”的符号标记新晶格上各物理参量，如长度标度 L'、交换参量 J'、外场 H'……。

(9) 由式(2)、式(3)和式(15)得自由横摇能量表达式为

$$V(t) = \cdots\cdots$$

“由式(2)、式(3)和式(15)得自由横摇能量表达式”与“为

$V(t) = \cdots\cdots$”粘连，改为：

由式(2)、式(3)和式(15)得自由横摇能量表达式，为

$$V(t) = \cdots\cdots$$

或改为：

由式(2)、式(3)和式(15)得自由横摇能量表达式

$$V(t) = \cdots\cdots$$

(10) 由此可得周期 $T(V)$ 的表达式为

$$T(V) = \cdots\cdots$$

“由此可得周期 $T(V)$ 的表达式”与“为

$T(V) = \cdots\cdots$”粘连，改为：

由此可得周期 $T(V)$ 的表达式，为

$$T(V) = \cdots\cdots$$

或改为：

由此可得周期 $T(V)$ 的表达式

$$T(V) = \cdots\cdots$$

5.2　杂糅

为了表达某个意思，下笔后一会儿用这种说法，一会儿又用另一种说法，于是把 2 种不同的说法硬套在一起，使前半截是一种结构，后半截是另一种结构。这种语病叫做杂糅。修改的方法是：首先弄清楚是

哪2种结构扭结在一起了,然后选用1种合适的结构。例如:

(1)Turbo码中引入交织器的目的主要是为了增大Turbo码的有效距离使错误离散化。

把“……的目的是……”这种结构与另一种结构“……是为了……”套在一起。改为:

Turbo码中引入交织器主要是为了增大Turbo码的有效距离,使错误离散化。

或改为:

Turbo码中引入交织器的主要目的是增大Turbo码的有效距离,使错误离散化。

(2)风洞试验的目的是为了确定风压分布形态。

改为:

风洞试验的目的是确定风压分布形态。

或改为:

风洞试验是为了确定风压分布形态。

(3)最近,国内学者杨海朋等从生物传感器的分类及纳米材料在电化学生物传感器中的应用为视角,综述了近年来各类纳米电化学生物传感器在生物监测领域的研究进展。

“从……的视角”,“以……为视角”都是对的,但此处说成“从……为视角”,即把这2种结构混在一起来用,就产生杂糅错误;此外,还有别的语病。改为:

最近,国内学者杨海朋等以生物传感器的分类及纳米材料在电化学生物传感器中的应用为视角,综述了近年来在生物监测领域各类纳米电化学生物传感器研究的新进展。

(4)这也表明疲劳破坏的判据应该根据剩余强度是否大于作用应力。

把“……的判据应该是……”与“判断……应该根据……”这2种

说法杂糅在一起，造成语病。改为：

这也表明对于疲劳破坏应该根据剩余强度是否大于作用应力来进行判断。

或改为：

这也表明疲劳破坏的判据应该是剩余强度与作用应力的相对大小。

(5)这种非正常现象的一个可能原因是机器的初始预热造成的。

一种说法是：

这种非正常现象可能是由机器的初始预热造成的。

另一种说法是：

这种非正常现象的一个可能原因是机器的初始预热。

这2种说法都是正确的，而把两者套在一起，即产生杂糅。

(6)要制备出响应迅速，灵敏度高，检测限低等优良特性的生物传感器，如何有效地利用生物分子固定技术及固定材料是影响其分析性能的关键问题，也是研究者们最为关注的问题。

把以下2种结构(说法)杂糅在一起，使语义不明。

一种说法是：

要制备出具有响应迅速、灵敏度高、检测限低等优良特性的生物传感器，就要有效地利用生物分子固定技术及固定材料。这是影响传感器分析性能的关键问题，也是研究者们最为关注的问题。

另一种说法是：

在制备具有响应迅速、灵敏度高、检测限低等优良特性的生物传感器时，如何有效地利用生物分子固定技术及固定材料，是影响传感器分析性能的关键问题，也是研究者们最为关注的问题。

(7)将本次试验各试件加固量与强度提高的关系如图3。

一种说法是：

本次试验各试件加固量与强度提高的关系如图3所示。

另一种说法是：

将本次试验各试件加固量与强度提高的关系绘于图3。

这2种说法都是对的，而把两者套在一起，说成“将本次试验各试件加固量与强度提高的关系如图3”就不通了。

(8)［摘要］ 目的　本实验通过比较当归补血汤煎剂及颗粒剂对骨髓抑制小鼠造血机能调控的影响来比较它们之间的疗效差异。……

句子杂糅，套用了2种句式。前面已经有“通过比较……”，后面“来比较……”。改为：

目的　本实验通过研究当归补血汤煎剂及颗粒剂对骨髓抑制小鼠造血机能调控的影响来比较不同剂型之间的疗效差异。……

第 6 章　详略失当

科技文章的语言应当讲求准确、简练。详略失当指重复、多余、啰唆和苟简。

6.1　重复

“重复”这种语病包括字面上的重复和意义上的重复。

1. 一些词语字面上有重复，自然意义上也重复。例如：

(1) 针对目前车辆用电效率低的主要原因，可以通过以下 3 种途径来提高车辆用电效率。

在同一句话中，“车辆用电效率”出现 2 次，字面重复。改为：

针对目前车辆用电效率低的主要原因，可以通过以下 3 种途径予以提高。

(2) 目前这批样品的取得均是在北京的秋、冬、春三个季节得到的。

“取得”与“得到”重复。改为：

目前这批样品均是在北京的秋、冬、春 3 个季节取得的。

(3) 磁控溅射成膜过程由以下三个过程组成。

前后用了 2 个“过程”，改为：

磁控溅射成膜由以下 3 个过程组成。

(4) 对第二热电站的经济效益进行了测算，测算结果见表 6。

第 2 个“测算”与前面重复，改为：

对第二热电站的经济效益进行了测算，结果见表 6。

(5) NF-kB 是一种普遍存在于细胞胞浆中的一种快反应转录子。

第2个"一种"与前面重复,改为:

NF-kB是普遍存在于细胞胞浆中的一种快反应转录子。

(6)当前科技发展的一个显著特点之一就是第一项技术都带有明确的权属。

"一个"与"之一"重复,改为:

当前科技发展的一个显著特点就是第一项技术都带有明确的权属。

(7)秘鲁的"虹宝"号在1989年2月26日在尤巴尼附近海域触礁。

在同一语言片段中,连着用了2个"在",不符合修辞要求。改为:

秘鲁的"虹宝"号于1989年2月26日在尤巴尼附近海域触礁。

(8)国内外学者对小麦、水稻、玉米、马铃薯等抗性淀粉的研究多见于其制备方法、理化特性及生理功效的研究。

第2个"研究"与前面重复,改为:

国内外学者对小麦、水稻、玉米、马铃薯等抗性淀粉的研究多见于其制备方法、理化特性及生理功效。

(9)目前的研究集中在对食品中常见的微生物如大肠杆菌、枯草芽孢杆菌、乳酸菌、沙门氏菌、肠道球菌、黑曲酶等的杀灭效果及其机理的研究。但目前对于食品中的内源酶的钝化作用研究相对较少,但是已有发现SCO_2处理能有效降低脂肪氧化酶、过氧化物酶、脂肪酶、酸性蛋白酶、碱性蛋白酶等活性。

前后2个"研究",前后2个"但(是)",重复;此外,"机理"应为"机制"。改为:

目前的研究集中在对食品中常见的微生物如大肠杆菌、枯草芽孢杆菌、乳酸菌、沙门氏菌、肠道球菌、黑曲酶等的杀灭效果及其机制上;但对于食品中的内源酶的钝化作用研究相对较少,而已发现SCO_2处理能有效降低脂肪氧化酶、过氧化物酶、脂肪酶、酸性蛋白酶、碱性蛋白酶等的活性。

(10)2009中国铸造活动周于2009年10月24—28日在山东威海市举行，来自国内外的500余名嘉宾和代表参加了2009中国铸造活动周。

明显的字面重复；此外，还有别的语病。改为：

2009中国铸造活动周于2009年10月24—28日在山东威海市举行，来自国内外的500余位嘉宾和代表出席。

(11)本次会议是近年来我国稀土化学和湿法冶金领域的学术交流盛会，受到稀土同行的高度重视，有50多家科研院所、大学、稀土企业的近百位代表参加了本次学术会议。

句首与句尾都有“本次(学术)会议”，重复。改为：

本次会议是近年来我国稀土化学和湿法冶金领域的学术交流盛会，受到稀土同行的高度重视，有50多家科研院所、大学、稀土企业的近100位代表出席。

(12)核心区公用配变容量等级从400 kVA、800 kVA、1 000 kVA共3个等级，容量等级比较统一，在运营维护和管理中比较方便。

“等级”重复；此外，单位相同的一组量值中，前边的单位可以省去，而只保留最后一个量值的单位。改为：

核心区公用配变容量分400、800和1 000 kVA 3个等级，容量等级比较统一，在运营维护和管理中比较方便。

(13)电测法是采用根管长度测量仪测量根管工作长度的一种方法，具有简便、快速、准确、减少X线照射等优点，因此，电测法是临床上最常用的方法，而根测仪是根管治疗的必备设备。

按“主承前主”的省主语方式，“因此”后的“电测法”可省去。改为：

电测法是采用根管长度测量仪测量根管工作长度的一种方法，具有简便、快速、准确、减少X线照射等优点，因此，是临床上最常用的方法，而根测仪是根管治疗的必备设备。

(14) 二氧化碳与水发生化合反应，可生成碳酸，碳酸呈弱酸性。

后一个“碳酸”与前一个重复。按“主承主宾”省主语方式，应将后一个“碳酸”省去。改为：

二氧化碳与水发生化合反应，可生成碳酸，呈弱酸性。

(15) 因为酶处理有软化纤维的作用，使纤维在打浆过程中减少了纤维的切断，所以有利于撕裂指数的提高。

“纤维”重复。改为：

因为酶处理有软化纤维的作用，使打浆过程中纤维的切断减少，所以有利于撕裂指数的提高。

(16) 目前国内外采用的导线除冰方法主要有热力除冰和机械除冰2类，而对于较为严重的导线覆冰一般以人工上线除冰最为有效，而人工除冰效率较低且具有一定的危险性。

2个“而”，重复。改为：

目前国内外采用的导线除冰方法主要有热力除冰和机械除冰2类，对于较为严重的导线覆冰一般以人工上线除冰最为有效，而人工除冰效率较低且具有一定的危险性。

(17) 茶饮料沉淀的形成是由于茶汤中主要成分通过氢键、盐键、疏水作用、溶解特性、电解质、电场等的变化，导致茶汤沉淀的形成。

前后2个“形成”，重复。改为：

茶饮料沉淀是由于茶汤中主要成分通过氢键、盐键、疏水作用、溶解特性、电解质、电场等的变化而形成的。

(18) 微操作系统一般是多种技术集成（如精密机械、计算机技术、控制技术、光学等）而成的。

“集成”与“而成的”重复；此外，还有别的语病。改为：

微操作系统一般是由多种技术，如精密机械技术、计算机技术、控制技术、光学技术等集成的。

(19)所有的参与者在平等的基础上相互合作,参与者在保持自身独立的同时,为动态联盟贡献自己独特的“核心能力”。

前后2个“参与者”,重复。改为:

所有的参与者在平等的基础上相互合作,在保持自身独立的同时,为动态联盟贡献自己独特的“核心能力”。

(20)根据俄罗斯资料,该型超音速导弹主要由三个主要舱段构成。

前后2个“主要”,重复。改为:

根据俄罗斯资料,该型超音速导弹由3个主要舱段构成。

(21)……但作者个人认为吃什么并不重要,重要的是合理搭配,吃饭非常重要。

前后3个“重要”,重复太多;此外,还有别的语病。改为:

……但笔者认为,吃什么并不重要,重要的是合理搭配。

(22)在我们的研究工作中,我们发现,narrow-alley test 和 corner test 的可操作性不是很强,于是我们改良了这两种实验方法。

短短的50多个字中,“我们”出现3次。改为:

在研究工作中发现,narrow-alley test 和 corner test 的可操作性不是很强,于是我们改进了这2种实验方法。

(23)北京的历史气温最低气温-27 ℃,历史最高气温不超过45 ℃。

前后3个“气温”,重复;负号误用成半字线连接号。改为:

北京的历史气温最低 −27 ℃,最高不超过45 ℃。

(24)金沙江干热河谷地处我国西南地区,具特殊的地理环境,由于气候干热,蒸发量大,干湿季分明等特殊的气候,植被稀少,水土流失严重,使得该地区成为长江上游生态环境最为脆弱的地区之一。

前后2个“气候”,重复。改为:

金沙江干热河谷地处我国西南地区,具特殊的地理环境。由于气候干热，蒸发量大，干湿季分明，植被稀少，水土流失严重，使得该地区成为长江上游生态环境最为脆弱的地区之一。

(25)混合气体的干球温度 θ_2 为：

$$\theta_2 = \cdots\cdots$$

为避免量符号“θ_2”重复，改为：

混合气体的干球温度为

$$\theta_2 = \cdots\cdots$$

(26)引入量纲一能量 $Q(V)$

$$Q(V) = \cdots\cdots$$

2个“$Q(V)$”，重复。改为：

引入量纲一能量

$$Q(V) = \cdots\cdots$$

附带说明：“量纲一能量”与其量符号“$Q(V)$”是同位语关系，所以其间不用冒号，也不用逗号。

(27)围压不同时射流轴心的速度变化曲线如图10所示。从图10中可以看出，当喷嘴出口处射流速度相同时，围压的改变基本不影响射流速度的变化。

为避免重复，“从图10中”删去。改为：

围压不同时射流轴心的速度变化曲线如图10所示。可以看出，当喷嘴出口处射流速度相同时，围压的改变基本不影响射流速度的变化。

(28)各组骨髓细胞中突变型P53蛋白表达百分比见表2。由表2可见，ALL组骨髓细胞中突变型P53蛋白表达阳性细胞百分率明显高于对照组，差异显著。

“由表2”重复。改为：

各组骨髓细胞中突变型P53蛋白表达百分比见表2。可见ALL组骨髓细胞中突变型P53蛋白表达阳性细胞百分率明显高于对照组，差异显著。

(29)实验中使用了两组电极形状和电极位置,如图3所示。图3(a)是采用不等径电极,并使电极正对与侧对;图3(b)是采用等径电极,并使电极正对与侧对。

为避免重复,改为:

实验中采用了2组电极形状和电极位置,如图3所示:(a)采用不等径电极,并使电极正对与侧对;(b)采用等径电极,并使电极正对与侧对。

(30)流速的大小并不是决定近底悬浮泥沙浓度大小的唯一决定性因素。

“决定”重复,“大小”多余;此外,“浓度”应为“质量分数”。改为:

流速并不是近底悬浮泥沙质量分数的唯一的决定性因素。

(31)他们的观测数据表明悬浮泥沙浓度和流速大小存在很强的正相关关系,即在涨落潮过程中,悬浮泥沙浓度在憩流期间达到最小值,在之后流速的增大过程中,悬浮泥沙浓度将达到最大,然后下一个悬浮泥沙浓度的最小值将出现在下一个憩流期间。

“悬浮泥沙浓度”多次重复;此外,“悬浮泥沙浓度”应为“悬浮泥沙质量分数”。改为:

他们的观测数据表明,悬浮泥沙质量分数与流速存在很强的正相关关系,即在涨落潮过程中,悬浮泥沙质量分数在憩流期间达到最小值,在之后流速增大的过程中达到最大值,而后下一个憩流期间出现最小值。

2. 句子中一些词语虽然字面上不重复,但表达的意思是重复的。例如:

(32)针刺对于治疗变应性鼻炎有肯定的疗效。

“治疗”与“疗效”意义重复。改为:

针刺对于变应性鼻炎有肯定的疗效。

(33)我国有机食品的生产最早始于1990年。

“最早”与“始于”意义重复,改为:

我国有机食品的生产始于1990年。

(34)2005年,又是一个令人欣喜的一年。

"一个"与"一年"意义重复。改为:

2005年,又是令人欣喜的一年。

(35)本组病例均为非正规医疗场所使用中药偏方所致造成中毒。

"所致"与"造成"意义重复,改为:

本组病例均为非正规医疗场所使用中药偏方造成中毒。

(36)这次论坛会议主题确定为乡镇企业创新与和谐发展。

"论坛"与"会议"意义重复;此外,还有别的语病。改为:

这次论坛的主题确定为乡镇企业创新与和谐发展。

(37)其海拔高度为560 m。

"海拔"与"高度"意义重复,改为:

其海拔为560 m。

(38)对穗型有各种各样不同的分类方法。

"各种各样(的)"与"不同的"意义重复。改为:

对穗型有不同的分类方法。

(39)打造强势品牌,企业必须要挖掘企业与产品自身文化的特征寻求与消费者的共鸣点。

"必须"与"要"都是副词,意义重复。改为:

打造强势品牌,企业必须挖掘企业与产品自身文化的特征寻求与消费者的共鸣点。

(40)在微光夜视计量测试领域,主要开展了微光夜视器件和整机参数的校准、检测工作,建立了微光像增强器亮度增益、分辨率、传递函数检测装置,同时还建立了可开展微光夜视仪相关参数量值传递的微光夜视仪光电性能标准装置。

"同时"和"还"都是表示连续关系的关联词,二者并用,意义重复。改为:

在微光夜视计量测试领域，主要开展了微光夜视器件和整机参数的校准、检测工作，建立了微光像增强器亮度增益、分辨率、传递函数检测装置，同时建立了可开展微光夜视仪相关参数量值传递的微光夜视仪光电性能标准装置。

(41) 遗产保护是一个由政府主导的公益事业，精神文化功能的特征尤为突出显著。

“突出显著”属近义词连用，二者只用其一；“一个”应为“一种”。改为：

遗产保护是一种由政府主导的公益事业，精神文化功能的特征尤为显著。

(42) 目前，我国已进入了工业反哺农业、城市带动农村发展的新阶段。

“已”表示完成，“了”也表示完成，意义重复。改为：

目前，我国已进入工业反哺农业、城市带动农村发展的新阶段。

或改为：

目前，我国进入了工业反哺农业、城市带动农村发展的新阶段。

(43) 在长大隧道工程建设项目的实施中存在有许多不确定因素和潜在的各种风险。

“存在”与“有”意义重复，删去其一。改为：

在长大隧道工程建设项目的实施中存在许多不确定因素和潜在的各种风险。

或改为：

在长大隧道工程建设项目的实施中有许多不确定因素和潜在的各种风险。

(44) 式中 M_i 和 E_i——分别为第 i 次测定值与模型模拟值。

破折号“——”与“为”意义重复。改为：

式中 M_i 和 E_i 分别为第 i 次测定值与模型模拟值。

解释式子中的符号时,本来用破折号“——”以及动词“为”“是”“表示”都可以,但破折号既多占版面,又不美观(尤其是有多项解释时),故建议不采用破折号这种形式。

6.2 多余

重复的词语当然是多余的,但多余的话却不限于重复,范围要更广泛一些。

“多余”指句子中不该有的某些词语,它们会破坏句子的正常结构,或者妨碍语义的正确表达。“多余”也指出现了某些可有可无的词语。例如:

(1)[题名] 支护结构内力测试在确定隧道容许位移量上的应用探讨

“探讨”多余。改为:

支护结构内力测试在确定隧道容许位移量中的应用

(2)[摘要] 在引出了网络控制系统概念的基础上,分析了网络控制系统的特性及存在的问题,介绍了NCS的仿真工具箱TrueTime的组成和功能。以直流电机为对象,建立了一个基于TrueTime的NCS仿真模型,并进行了控制仿真分析。

摘要中的许多“了”是多余的,可以删去;但不是说全部的“了”都要删去。对于某个“了”是保留好还是删去好,主要看语气。改为:

在引出网络控制系统概念的基础上,分析网络控制系统的特性及存在的问题,介绍NCS的仿真工具箱TrueTime的组成和功能。以直流电机为对象,建立了一个基于TrueTime的NCS仿真模型,并进行了控制仿真分析。

(3)[摘要] 研究了多信道多接口无线二维随机Mesh网络容量的联合优化问题。在用户流量公平的条件下,分析了路由、动态信道分配和调度算法的约束模型,把网络容量的联合优化建模为线性规划问题。

基于该模型提出了容量的上、下界低复杂度计算方法，仿真计算了25个结点的二维随机网络在不同信道数、接口数和网关数约束下容量的上下界，所得下界至少为上界的85%。

第1个和第2个“了”删去更好。改为：

研究多信道多接口无线二维随机Mesh网络容量的联合优化问题。在用户流量公平的条件下，分析路由、动态信道分配和调度算法的约束模型，把网络容量的联合优化建模为线性规划问题。基于该模型提出了容量的上、下界低复杂度计算方法，仿真计算了25个结点的二维随机网络在不同信道数、接口数和网关数约束下容量的上下界，所得下界至少为上界的85%。

(4)1953年，前苏联在巴什基里亚共和国卡尔塔舍夫油田，伊希姆拜石油联合企业首次钻成了65/45分支水平井。

因为有“1953年”，此时，苏联未解体，所以，“前苏联”应为“苏联”；此外，还有别的语病。改为：

1953年，伊希姆拜石油联合企业在苏联巴什基里亚共和国卡尔塔舍夫油田，首次钻成65/45分支水平井。

(5)原苏联列别捷夫物理研究所Kazaryan于1978年提出隔环结构放电管的设计方案。

因为有“1978年”，此时，苏联未解体，所以，一般不用“原苏联”或“前苏联”。改为：

苏联列别捷夫物理研究所Kazaryan于1978年提出隔环结构放电管的设计方案。

(6)糖尿病血管病变是常见的糖尿病慢性并发症。

句首的“糖尿病”多余，改为：

血管病变是常见的糖尿病慢性并发症。

(7)痛经是指行经期前后或月经期出现下腹部或腰部不适症状，程度较重，以致影响生活和工作，需要用药或卧床休息者为痛经。

句末的“者为痛经”4个字多余，改为：

痛经是指行经期前后或月经期出现下腹部或腰部不适症状，程度较重，以致影响生活和工作，需要用药或卧床休息。

(8)调查对象的选择标准：年龄50岁以上，在当地居住10年以上，绝经2年以上的老年妇女为调查对象。

句末的“为调查对象”5个字多余，改为：

调查对象的选择标准：年龄50岁以上，在当地居住10年以上，绝经2年以上的老年妇女。

(9)研究成果为工程地质信息提供了一个良好的存储、处理、分析的载体，使这些宝贵的资料有了重新“复活”重新发挥作用的可能。

“复活”中的“复”已有“重新”的含义，所以，“复活”前的“重新”一词是多余的。改为：

研究成果为工程地质信息提供了一种良好的存储、处理、分析的载体，使这些宝贵的资料有可能“复活”而重新发挥作用。

(10)在新的世纪里，国内外对节能环保问题赋予了空前关注。

“赋予了”多余，改为：

在新的世纪里，国内外对节能环保问题空前关注。

(11)目前正在进行探测器的质量评定检测标准的建立。

状态动词“进行”后边可以带行为宾语，但如果宾语的行动意义很强，如此句中的“建立”，那么，再用“进行”就是多余的；此外，对于标准，用“制订”比用“建立”合适。改为：

目前正在制订探测器的质量评定检测标准。

(12)Sazci等[17]认为它是土耳其高加索人群脑出血和脑梗死患者的独立的遗传风险因子。

“遗传风险因子”是“脑出血和脑梗死”的，而不是“患者的”，“患者”多余。改为：

Sazci等[17]认为它是土耳其高加索人群脑出血和脑梗死的独立的

遗传风险因子。

(13)下鼻甲肿胀和鼻中隔偏曲是引起变应性鼻炎的2个主要原因方面。

“方面”多余,改为:

下鼻甲肿胀和鼻中隔偏曲是引起变应性鼻炎的2个主要原因。

(14)式中:t为双层反射时间,单位为s;z为时间t所对应的地层深度,单位为m。

“单位为”多余。通常的表达方式如下:

式中:t为双层反射时间,s;z为时间t所对应的地层深度,m。

(15)广西壮族自治区是我国水牛分布较多的地区,约有438万头水牛。

句末的“水牛”多余,改为:

广西壮族自治区是我国水牛分布较多的地区,约有438万头。

(16)在水果和蔬菜的加工过程中,一些引起食品腐败变质的酶类如过氧化物酶、多酚氧化酶脂肪氧合酶等,这些酶活的存在会破坏食品的外观、风味、颜色、营养价值。因此在杀菌过程中应钝化食品中的内源酶。

“这些酶活的存在”多余;此外,还有别的语病。改为:

在水果和蔬菜的加工过程中,一些引起食品腐败变质的酶类如过氧化物酶、多酚氧化酶、脂肪氧合酶等,会破坏食品的外观、风味、颜色以及营养价值,因此,在杀菌过程中应钝化食品中的内源酶。

(17)我国很多企业在这方面迈出了可喜的步伐,如江苏阳光集团是我国一家从事高档面料开发、生产的大型企业,企业不仅建立了国家级、省级的技术中心,而且建立了博士后科研工作站。

“不仅”前的“企业”多余,改为:

我国很多企业在这方面迈出了可喜的步伐,如江苏阳光集团是我国一家从事高档面料开发、生产的大型企业,不仅建立了国家级、省级的技术中心,而且建立了博士后科研工作站。

(18)其中一个重要方面即学习国外发达国家长期形成的市场经济运作经验。

“发达国家”不分国内外,“国外”多余。改为:

其中一个重要方面即学习发达国家长期形成的市场经济运作经验。

(19)从表4的数据可以看出,用不同的萃取方法得到的结果相去甚远。

“的数据”多余,改为:

从表4可以看出,用不同的萃取方法得到的结果相去甚远。

(20)Lader等[3]作者利用四边形超单元模拟柔性面在波流作用下的水动力特性。

“作者”多余,改为:

Lader等[3]利用四边形超单元模拟柔性面在波流作用下的水动力特性。

(21)……因此,对钢丝圈在纺纱过程中的动态位置分析显得尤为重要。

“显得”多余,改为:

……因此,对钢丝圈在纺纱过程中的动态位置分析尤为重要。

(22)实验装置为按照国标GB/T 17758—1999规定建造的焓差法实验台。

“GB”是“国家标准”汉语拼音字母的缩写(意为“国标”),“国标”多余。改为:

实验装置为按照GB/T 17758—1999规定建造的焓差法实验台。

(23)虽有满纸的线条繁复却有章法,流动而又整体和谐,统一、自然、耐人寻味。

“虽有”多余,点号使用不当。改为:

满纸的线条,繁复却有章法,流动而又整体和谐、统一、自然,耐人寻味。

(24)2002年制造行业IT整体投入约为150亿元人民币,2003年预计增至175亿,增幅约为17%。

这一语言片段中并未涉及其他货币,"人民币"多余;此外,"亿"应为"亿元"。改为:

2002年制造行业IT整体投入约150亿元,2003年预计增至175亿元,增幅约为17%。

(25)目前农村居民的温饱线也仅仅维持在日均2元人民币的水平。

"人民币"多余,改为:

目前农村居民的温饱线也仅仅维持在日均2元的水平。

(26)其中可更换镜头的XL H1为专业程度最高、价位也是最高的一款机器。

"是"多余,改为:

其中可更换镜头的XL H1为专业程度最高、价位也最高的一款机器。

(27)其形态特征分为2种:一种是较小,圆形,边缘整齐,乳白色,不透明,湿润,扁平扩展;另一种是较大,圆形,边缘锯齿状,乳白色,不透明,湿润,扁平扩展。

2个"是"字多余,改为:

其形态特征分为2种:一种较小,圆形,边缘整齐,乳白色,不透明,湿润,扁平扩展;另一种较大,圆形,边缘锯齿状,乳白色,不透明,湿润,扁平扩展。

(28)Xu[5]等研究证实水稻在不同时期的分蘖数是受一个多基因系统控制。

"是"多余;此外,2处缺"的"。改为:

Xu[5]等的研究证实,水稻在不同时期的分蘖数受一个多基因系统的控制。

(29)这位丰田车系中的“元老级人物”如今已是发展到了第13代。

“是”多余,“了”多余,改为:

这位丰田车系中的“元老级人物”如今已发展到第13代。

(30)男性功能减退主要是与年龄相关的睾丸退行性疾病,由睾丸中旁分泌紊乱,下丘脑-垂体-性腺轴功能失调有关。

“是”多余,“由”多余;“男性功能”应为“男性性功能”。此外,还有点号使用不当的问题。改为:

男性性功能减退主要与年龄相关的睾丸退行性疾病、睾丸中旁分泌紊乱和下丘脑-垂体-性腺轴功能失调有关。

(31)施工期的安全性主要是来源于设计失误、施工缺陷、管理不善等造成。

“是”、“造成”多余。改为:

施工期的不安全主要来源于设计失误、施工缺陷、管理不善等。

(32)铀的利用率可以达到为28%。

“为”多余,改为:

铀的利用率可以达到28%。

(33)一个好的葡萄糖传感器不仅需要其对葡萄糖有很好的响应,还需要其有很好的抗干扰能力。

2个代词“其”多余,改为:

一个好的葡萄糖传感器不仅需要对葡萄糖有很好的响应,还需要有很好的抗干扰能力。

(34)印度谷螟幼虫食性复杂,习性隐蔽,其不仅咬食谷物胚部及表层,并可吐丝连缀粮粒成团,封闭粮面而造成粮食污染。

“其”多余,“并”应为“而且”。改为:

印度谷螟幼虫食性复杂,习性隐蔽,不仅咬食谷物胚部及表层,而且可吐丝连缀粮粒成团,封闭粮面而造成粮食污染。

(35)数值法在非线性动力学问题中的应用日益广泛,这其中包括欧拉法。

代词“这”多余,改为:

数值法在非线性动力学问题中的应用日益广泛,其中包括欧拉法。

(36)1957 年中国医学科学院成立了以劳动卫生、环境卫生、营养卫生三位一体的研究所。

介词“以”多余,改为:

1957 年中国医学科学院成立了劳动卫生、环境卫生、营养卫生三位一体的研究所。

(37)二免后乙酰化甘露聚糖显著提高了肉仔鸡对新城疫疫苗的抗体水平,同时还增强了肉仔鸡对 NDV 的免疫应答。

副词“还”多余,改为:

二免后乙酰化甘露聚糖显著提高了肉仔鸡对新城疫疫苗的抗体水平,同时增强了肉仔鸡对 NDV 的免疫应答。

(38)一旦发生脱落就可能意味着材料失效的开始,应该值得注意。

副词“可能”多余;“应该”与“值得”删去其一。改为:

一旦发生脱落就意味着材料失效的开始,应该注意。

或改为:

一旦发生脱落就意味着材料失效的开始,值得注意。

(39)沈岩的导师吴冠芸凭借敏锐的科学远见,在上世纪 90 年代初就为他指定的研究方向就是基因组研究。

第 1 个“就”多余,改为:

沈岩的导师吴冠芸凭借敏锐的科学远见,在 20 世纪 90 年代初为他指定的研究方向就是基因组研究。

(40)式中 F 是一个常数。

"一个"多余,改为:

式中 F 是常数。

(41)时而波峰冲击船底中部,时而架空前部或后部,则可能造成船体变形和断裂。

前后无"假设"的逻辑关系,"则"多余。改为:

时而波峰冲击船底中部,时而架空前部或后部,可能造成船体变形和断裂。

(42)其采集参数如下:工作道数,240 道;覆盖次数,60 次;炮间距,25 m。

计数量的名称"道数""次数"中已经含有"道""次",其量值中的计数单位(量词)没有必要出现。改为:

其采集参数如下:工作道数,240;覆盖次数,60;炮间距,25 m。

(43)当前,仅北半球的城市数量就已超过 2 000 个。

"数量"多余,改为:

当前,仅北半球的城市就已超过 2 000 个。

(44)1996 年通过 OFDC 认证的生产和加工单位数增加到 6 个。

"数"多余,改为:

1996 年通过 OFDC 认证的生产和加工单位增加到 6 个。

(45)用户数已达 3 000 万。

"数"字多余,改为:

用户已达 3 000 万。

(46)其内摩擦角大小为 31°。

"大小"多余,改为:

其内摩擦角为 31°。

(47)其株高从 3 cm 到 3 m 大小不等。

"大小"多余,改为:

其株高从 3 cm 到 3 m 不等。

(48)流速的增大伴随的是悬浮泥沙浓度的增大,同样,流速的减小伴随的是悬浮泥沙浓度的减少。

多个"的"字多余;此外,"悬浮泥沙浓度"应为"悬浮泥沙质量分数","减少"应为"减小"。改为:

流速增大伴随的是悬浮泥沙质量分数增大,同样,流速减小伴随的是悬浮泥沙质量分数减小。

(49)20世纪80年代兴起的国际合作,国家可以为这种合作花费巨资,而用于消化技术和自行研制的经费少得可怜。

"20世纪80年代兴起的国际合作"相当于一个名词,放在句首,使它从句子中游离出来,什么成分也不是。改为:

20世纪80年代兴起国际合作,国家为这种合作可以花费巨资,而用于消化技术和自行研制的经费却少得可怜。

(50)东营市于1983年经国务院批准设立,成为黄河三角洲上最年轻的、核心的城市。

"上"以及"核心的"中的"的"多余,顿号多余。改为:

东营市于1983年经国务院批准设立,成为黄河三角洲最年轻的核心城市。

(51)[层次标题]

4.1 Apoptosis的译名和含意的质疑

2个"的"多余;"含意"应为"含义"。改为:

4.1 Apoptosis译名和含义质疑

(52)中日友好医院的肖建中教授为200余名居民做了糖尿病防治的健康讲座。

"的""健康"多余;此外,还有别的语病。改为:

中日友好医院肖建中教授为200余名居民作了关于糖尿病防治的讲座。

(53)以通过意法边境处"里昂—都灵"总长约300 km的高速铁道

工程项目为例，对其进行的风险分析。

由于“的”字多余，使得“对其进行的风险分析”成为一个名词词组，不成句。改为：

以通过意法边境处“里昂—都灵”总长约300 km的高速铁道工程项目为例，对其进行风险分析。

(54)解冻后可获得了体细胞克隆的后代。

“可”表示能愿，“了”表示完成，二者同时用，自相矛盾。改为：

解冻后可获得体细胞克隆的后代。

(55)添加二色胡枝子粗提物110 mg/kg，可显著降低了LDL-C水平。

改为：

添加二色胡枝子粗提物110 mg/kg，可显著降低LDL-C水平。

(56)威尔说：“即使找到了不同物质中引力的变化也不能立即证明弦理论的正确性，但是它可能给该理论提供了一些支持。”

因前边有“可能”，所以，“提供了”中的“了”多余。改为：

威尔说：“即使找到了不同物质中引力的变化也不能立即证明弦理论的正确性，但是它可能给该理论提供一些支持。”

(57)沉积物在孟加拉湾的快速堆积，导致了有机物质的大量蓄积，其中绝大部分来自于陆源。

助词“了”多余，介词“于”多余。改为：

沉积物在孟加拉湾的快速堆积，导致有机物质的大量蓄积，其中绝大部分来自陆源。

(58)病情严重的人，已经在一定程度上影响到了正常的人际交往，并且不能正常面对工作和生活。

改为：

病情严重的人，已经在一定程度上影响到正常的人际交往，并且不能正常面对工作和生活。

(59) DEBRAY 等[6]分析了 TbDyCoFe 薄膜在非线性阻尼条件下强迫振动的跳跃现象,并研制出了一种二维微光扫描器。

第2个“了”多余,改为:

DEBRAY 等[6]分析了 TbDyCoFe 薄膜在非线性阻尼条件下强迫振动的跳跃现象,并研制出一种二维微光扫描器。

(60) 无论是用料还是做工都显示出了日系豪华车一贯的细腻和精致。

“了”多余,改为:

无论是用料还是做工都显示出日系豪华车一贯的细腻和精致。

(61) 地质学家对陆地上泥火山作用的研究已经有200多年的历史了,他们对泥火山的形成机制、构造背景、活动情况和产物进行了详尽的描述,认为泥火山在油气勘探方面十分重要。

“已经有200多年的历史了”中的“了”多余,改为:

地质学家对陆地上泥火山作用的研究已经有200多年的历史,他们对泥火山的形成机制、构造背景、活动情况和产物进行了详尽的描述,认为泥火山在油气勘探方面十分重要。

(62) 查明原因后,德国政府立刻投入到了治理汽车尾气排放的行动之中。

“了”多余,改为:

查明原因后,德国政府立刻投入到治理汽车尾气排放的行动之中。

(63) 这一品种增加到了3种。

“了”多余,改为:

这一品种增加到3种。

(64) 国产途观将发动机增加了到了2款。

2个“了”多余,改为:

国产途观将发动机增加到2款。

(65) 自 Stanford 大学的 Feigenbaum 研制出土木工程领域的第一

个 ES 后,卡内基梅隆大学的 Maher 研制出了高层建筑初步设计 ES。

2 个"大学的"中的"的"多余,"了"也多余。改为:

自 Stanford 大学 Feigenbaum 研制出土木工程领域的第一个 ES 后,卡内基梅隆大学 Maher 研制出高层建筑初步设计 ES。

6.3 啰唆

啰唆指除了重复、多余以外的其他一些述说繁琐、不简练的语病。例如:

(1)本研究所获得的在特定阶段体内表达的差异条带所含有的生物信息目前也在进一步的分析和探讨,最终的研究结果也有待进一步的相互佐证。

冗余词语较多。改为:

本研究正在分析所获得的在特定阶段体内表达的差异条带所含有的生物信息,最终结果有待进一步相互佐证。

(2)这种变化规律,如果与红茶菌的菌体的生长曲线相比[17],这两者具有高度的一致性。

不简练。改为:

这种变化规律与红茶菌菌体的生长曲线[17]有高度的一致性。

(3)引脚功能见参考文献[3]。

不简练,"参考"2 字省去较好。

(4)这种振动传播的路径可能有两个:一个路径是台风中心过境引起的地表振动像地震波那样通过地壳传播;另一个可能的路径是通过大气层。

不简练,还有别的语病。改为:

这种振动传播的路径可能有 2 条:一是台风中心过境引起的地表振动,像地震波那样通过地壳传播;二是通过大气层。

(5)这是因为这里的空气中有大量负离子的存在,会对人体的生理机能起到很大促进和改善作用。

不简练。改为：

这是因为这里的空气中有大量的负离子，会对人体的生理机能起到很大的促进和改善作用。

(6)说明在压痕深度很小的时候，一般认为在 100 nm 量级的时候，硬度值随压痕深度的变化规律比较复杂。

不必要的重复，造成不简练。改为：

说明在压痕深度很小，一般认为在 100 nm 量级时，硬度值随压痕深度的变化规律比较复杂。

(7)鬼怒河上有一条支流田河，该支流流经约 40×10^4 人口的宇都宫市。

不简练。改为：

鬼怒河上有一条支流田河，流经约 40 万人口的宇都宫市。

6.4 苟简

"苟简"指行文苟且简略，草率粗略，即在句中该出现的词语而未出现所造成的语病。例如：

(1)GIS 设备以其优良的性能……

"GIS"既是地理信息系统(geography information system)的英文缩写词，又是气体绝缘全封闭组合电器(gas insulated switchgear)的英文缩写词，为避免歧义，在文中第一次出现时，其后应写出对应的中文和英文全称。改为：

气体绝缘全封闭组合电器(gas insulated switchgear, GIS)设备以其优良的性能……

(2)应根据冠心病的危险程度具体问题具体分析。

"具体问题具体分析"，太口语化，不是书面语，缺必要的词语。改为：

应根据冠心病的危险程度，对具体问题作具体分析。

(3) 糖尿病血管病变是常见的糖尿病慢性并发症。

“糖尿病”与“血管病变”之间的“所致”不宜省去。改为：

糖尿病所致血管病变是常见的糖尿病慢性并发症。

(4) 将样品 4 000 $r \cdot min^{-1}$ 离心 15 min。

句子苟简。改为：

将样品在转速为 4 000 $r \cdot min^{-1}$ 条件下离心 15 min。

(5) 更要注重安全预防。

缺少必要的词语。改为：

更要注重对安全事故的预防。

(6) 把培训重点放在实作上。

改为：

把培训重点放在实际操作上。

(7)……使其可广泛存在于各种生境条件下。

“生境”指“生态环境”，还是指“生活环境”？不知作者要说的是哪个。

(8) 这两者之间确存密切关系。

改为：

这两者之间确实存在密切关系。

(9) 框图如图 2 所示。

“框图”泛指，未能表达该图的特定内容。按文意，改为：

雷达和目标识别系统方框图如图 2 所示。

(10) 1994 年突破 4 个亿。

这是口语说法，作为书面语，应改为：

1994 年突破 4 亿元。

如果同一片段中还有“美元”“日元”等，应改为：

1994 年突破 4 亿元人民币。

第7章　句子组织不好

句子的组织,既要遵循语法规则,符合语言习惯,又要满足逻辑要求,还要考虑修辞效果。科技文章中,只有把句子组织好,才能充分发挥语言的表达效果,使作者的思想能准确地在字里行间体现出来。

句子组织不好,一般指的是词语的位置未安排好,句子的结构未选择好,长句与短句的关系未处理好,句子的衔接未照顾好。例如:

(1)公共区域内公海内的丰富渔业资源,国际海底区域的多金属结核区及极地区域的渔业资源、油气资源等,按《联合国海洋法公约》规定,这些资源归世界各国所共有,只要技术能力达到,均可向国际海底管理局提出申请。

插说成分"按《联合国海洋法公约》规定"位置安排不当;此外,还有别的语病。改为:

按《联合国海洋法公约》的规定,公共区域——公海内的丰富渔业资源,国际海底区域的多金属结核区及极地区域的渔业资源、油气资源等,归世界各国所共有。任何国家只要具备足够的技术能力,均可向国际海底管理局提出对于开发这些资源的申请。

(2)这一新论断要求把农村人才资源开发作为各级党委人事工作和农村工作的一个重大问题。"优先发展教育,建设人力资源强国"。

后一句跟前一句意思衔接不上。改为:

这一新论断要求把农村人才资源开发作为各级党委人事工作和农村工作的一个重大问题,应把"优先发展教育,建设人力资源强国"的口号落到实处。

(3)稀土氧化物由于其良好的热稳定性和较大的氧存储能力,此外，稀土和过渡金属制备钙钛矿型催化剂，由于其良好的催化活性、稳定的结构以及贵金属相对便宜的价格，一直以来受到众多研究者的青睐。

句子结构组织不好，而且缺少必要的关联词，造成语义不明确，逻辑关系不清晰。改为：

稀土氧化物有良好的热稳定性和较大的氧存储能力，而且与过渡金属制成的钙钛矿型催化剂具有良好的催化活性、稳定的结构以及相对便宜的贵金属的价格，一直受到众多研究者的青睐。

(4)当前风电接入电力系统的关键技术问题在于电网能够提供足够容量的调节电源，应对风电功率的变化，同时提高风电预测精度以及风电机组的技术水平，研发大容量集中和分散式储能技术，能够帮助平稳风电对电网的冲击。

句子组织不好，使得条理不清晰。改为：

当前风电接入电力系统的关键技术问题在于：一是电网应能够提供足够容量的调节电源，以应对风电功率的变化；二是提高风电预测精度以及风电机组的技术水平；三是研发大容量集中和分散式储能技术，以帮助减弱并稳定风电对电网的冲击。

(5)农网科技进步管理网络和科技项目包括立项、审批、资金、成果、推广等各环节在内的一整套管理标准，同时科技进步工作考核激励机制得到有效确立，使农网科技进步迈上了良性循环发展的轨道。

句子组织不好，还有多余的词语。改为：

农网科技进步项目管理包括立项、审批、资金、成果、推广等各个环节，并有一整套管理标准，同时科技进步考核激励机制也得到有效确立，使农网科技进步迈上了良性发展的轨道。

(6)北方的下雪天气和南方的阴雨天气，而且大部分机组都安装在楼顶或其他露天的位置，这些因素都会导致机组结霜严重。

句子组织不好。改为：

由于大部分机组都安装在楼顶或其他露天的位置,北方的下雪天气和南方的阴雨天气会导致机组结霜严重。

(7)借助各种光子作用于组织细胞可产生促进其有丝分裂及调理炎性反应细胞炎性反应状态的机制。

词语组织不好,不便理解;此外,还有别的语病。改为:

各种光子作用于组织细胞,可促进后者的有丝分裂,并调理炎性细胞的炎性反应状态。

(8)高压共轨电控燃油喷射技术以其能够灵活控制喷油量、喷油压力、喷射正时与喷油速率等喷射参数,从而有效降低燃油消耗与降低排放的优点,受到了柴油机制造商的青睐。

此句有2个层次的因果关系:“……能够灵活控制……喷射参数”,才具有“……的优点”,“……的优点”,才使该技术“受到……的青睐”;但中心词是“……喷射技术……受到……青睐”,因此,连接因果关系的连词“从而”应置于“受到”前。此外,“从而有效降低燃油消耗与降低排放的优点”也不通。全句改为:

由于高压共轨电控燃油喷射技术能够灵活控制喷油量、喷油压力、喷射正时与喷油速率等喷射参数,具有有效降低燃油消耗与降低排放的优点,从而受到柴油机制造商的青睐。

(9)在实际使用中,从雷达信号处理机获得的中频信号通过以太网实时传输到目标识别有4个Power PC处理器的信号处理板上,其中CUP1负责接收来自雷达信号处理机的数据和协调其余处理器的并行处理任务,利用CPU2、CPU3、CPU4对数据进行并行处理以加快处理速度,最终的识别信息通过以太网发回识别信息显示终端。

语序颠倒,词语组织不好,不便理解。改为:

在实际使用中,从雷达信号处理机获得的中频信号,通过以太网实时传输到用作目标识别的信号处理板上。该信号处理板有4个Power PC处理器,其中CUP1负责接收来自雷达信号处理机的数据和协调其余处理器的并行处理任务,CPU2、CPU3 和 CPU4 对数据进行并行处理以加快处理速度,最终的识别信息通过以太网发回识别信息显示终端。

(10)展现的形式要多样化,有上讲台的、有在各小组串演的等等。这样学生既满足了学生的表现欲又互相借鉴、得到启发,发展了能力。

第 2 个句子的说话角度突转,即突然换了主语,导致语义不衔接;此外,还有别的语病。改为:

展现的形式要多样化,有上讲台的,有在各小组串演的,等等。这样,既满足了学生的表现欲,又使他们互相学习,得到启发,发展了能力。

(11)现将剩余电流保护技术,应用于电气火灾监控系统,作技术介绍。

前言不搭后语。改为:

现将剩余电流保护技术在电气火灾监控系统中的应用作一介绍。

(12)由于尾矿间隙的产生,引起的应力释放或衬砌背后注浆压力过大而产生的。

结构安排不好,导致语义不明。改为:

它(指上句中的"沉降")是因尾矿间隙引起的应力释放或衬砌背后注浆压力过大而产生的。

(13)……因此,这里采用了氨气流入口边界条件,流量为 0.074 kg/s,而出口边界采用压力出口。

"而出口边界采用压力出口",不知所云。改为:

这里采用了氨气流量为 74 g/s 作为入口边界条件,而将出口压力作为出口边界条件。

(14)与完整岩样变形模量 20.99 GPa 相比,含 61°岩桥倾角的岩样变形模量为 20.25 GPa,两者之间差异不大。

语序安排不好。改为:

岩桥倾角为 61°的岩样,其变形模量为 20.25 GPa,与完整岩样变形模量20.99 GPa相比,两者之间差异不大。

(15)由于我国消费结构的调整,近年来我国菜籽油消费市场所占的份额有所下降,在国家支农惠农政策的支持下,但大力发展油菜子产业一样能够解决我国部分人口的食用油消费问题。

词语位置不对,导致语义不明。改为:

由于我国消费结构的调整,近年来菜子油消费市场所占的份额有所下降,但在国家支农惠农政策的支持下,大力发展油菜籽产业一样能够解决我国部分人口的食用油消费问题。

(16)离电机定子内壁不同距离的液体流速呈近似向下开口抛物线的形式。

句子太长,不便阅读。改为:

离电机定子内壁不同距离的液体,其流速呈近似向下开口抛物线的形式。

这里,用"其"代替前的"……的液体",主语"流速"同原来的定语"离电机定子内壁不同距离的液体"就分离了,原定语变成了主语部分,从"其"开始至最后成了由句子构成的谓语,结果使读者不会有句子太长的感觉。

(17)因为随着反应时间的增加会伴随有皂化副反应发生,所以应该控制转酯化反应3.5 h左右。

后一分句结构选择不当——应该用"把字句"。改为:

因为随着反应时间的增加,会伴随有皂化副反应发生,所以,应该把转酯化反应时间控制在3.5 h左右。

(18)该厂将公交车辆节能降耗、科技创新纳入智能化管理范畴,近百台电脑每天1 000余条信息的收集、处理,信息化管理促使企业始终保持了良性发展态势。

一会儿说"信息化管理",一会儿说"智能化管理",显得混乱。实际上它们是一体的;此外,还有别的语病。改为:

该厂将公交车辆节能降耗、科技创新纳入信息化、智能化管理范畴，近100台计算机每天收集处理1 000余条信息，这就促使企业始终保持良性发展态势。

(19)此外，如果你不是警察，但希望见义勇为，因此故意用车辆追撞其他车辆，这种行为值得鼓励，但这种故意损坏车辆的行为一般而言就没法得到保险公司的赔偿，但你的行为应该能够得到政府有关部门的补偿和奖励，因此我们还是在道义上支持您在保障个人生命安全的情况下见义勇为。

3个"但"，2个"因此"，把逻辑关系搞得不清晰了。改为：

此外，如果您不是警察，但希望见义勇为，因此故意用车辆追撞其他车辆。这种行为值得鼓励，但这种故意损坏的车辆，一般而言就没法得到保险公司的赔偿；不过，您的行为应该得到政府有关部门的补偿和奖励。因此，我们还是从道义上支持您在保障个人生命安全的情况下见义勇为。

第8章 其他方面的语病

“其他方面的语病”，指以上语病问题分类未包括进去的语病，或者一个句子中多处有语病，也涉及科技文章(主要是科技论文)的一些特殊问题。例如：

(1)Junker指出铁素体不锈钢不比奥氏体不锈钢更易发生缝隙腐蚀。

“弯弯绕”，不便理解。改为：

Junker指出，与奥氏体不锈钢相比，铁素体不锈钢容易发生缝隙腐蚀。

(2)蒸发器的结霜过程与热泵系统工作过程是一个相互影响、相互耦合的整体，必须将二者耦合起来综合考虑。

多处有语病。改为：

由于蒸发器的结霜过程与热泵系统的工作过程相互影响，所以，对这2个过程必须予以综合考虑。

(3)本次事故是因当班驾驶员与地方小船避让不协调而发生的，但从另一个角度分析，是对规章制度的执行、落实不严，船员安全责任心的缺失有着必然的联系。

并非“驾驶员”与“船”避让不协调，而是“船”与“船”避让不协调；所以“当班驾驶员”应改为“×轮”。此外，“是对……有着必然的联系”中，显然介词使用不当。改为：

本次事故是因×轮与地方小船避让不协调而发生的，但从另一个角度分析，则与规章制度的执行、落实不严，船员安全责任心的缺失等有着必然的联系。

(4)现阶段下的部分网络化运营模式并不能达到行业适度竞争的需求,不能有效利用各种资源,提升网络运营管理的整体效率和规模效益。

这里3个句子,都具否定含义,但最后一句缺否定词;此外,“现阶段下”说法不通,“达到”与“需求”动宾不搭配。原句改为:

在现阶段,部分网络化运营模式并不能满足行业适度竞争的需求,不能有效利用各种资源,不能提升网络运营管理的整体效率和规模效益。

(5)SS-GAG质量浓度30~200 $mg \cdot L^{-1}$各浓度保护组细胞生长良好形态正常,连接较紧密,边界清晰,透明度好,具有剂量依赖性。

这句话十分费解,原因是存在多种语病。首先,主语部分“SS-GAG质量浓度30~200 $mg \cdot L^{-1}$各浓度保护组”组织不好。其次,“细胞生长良好形态正常”未断开。第三,“生长良好”“形态正常”“连接紧密”“边界清晰”“透明度好”都是“细胞”的谓语,而“具有剂量依赖性”缺主语——“剂量依赖”是2个或多个物理量之间对应的关系,是一个有确切数值的概念,应提供实验数据作依据。因此,原句改为:

SS-GAG各浓度保护组(质量浓度30~200 $mg \cdot L^{-1}$)细胞生长良好,形态正常,连接紧密,边界清晰,透明度好,具有剂量依赖性。

(6)发芽糙米总多酚对羟基自由基的消除率达74.40%,而糙米总多酚对羟基自由基的消除率仅为34.40%,前者比后者高出40%。

百分比比较错误。改为:

发芽糙米总多酚对羟基自由基的消除率达74.40%,而糙米总多酚对羟基自由基的消除率仅为34.40%,前者比后者高出40百分点(或前者比后者高53.76%)。[74.40 - 34.40 = 40,(70.40% - 34.40%)/74.40% = 53.76%]

(7)松下公司预计在2005年的11月推出一种65英寸的等离子电视。

未注意时间问题。此文刊于某刊2005年第12期,已在“2005年11月”之后,还说“预计”就错了。改为:

松下公司已于2005年11月推出一种65英寸等离子电视机。

(8)党的十六届五中全会提出在第十一个五年期间发展现代农业、建设社会主义新农村。

“在第十一个五年期间”应为“在第十一个五年规划期间”。此句的主要问题是:“发展现代农业、建设社会主义新农村”早就提出了,怎么是在党的十六届五中全会上才提出的?

(9)为了探讨二者组织起源的异同,作者对这2种肿瘤组织进行了比较分析。

建议把“作者”改为“笔者”,以避免在同一语言片段中有引用其他文献的情况时产生歧义。

(10)为了从根本上解决这一技术难题,本文作者以实验研究为基础,推导出金属橡胶环形隔振器的最大摩擦力与相对密度、金属丝直径、隔振器的截面尺寸以及隔振器的中径之间的关系。

建议将“本文作者”改用“笔者”,比较简练。

(11)当然,由于时间和本人的资源有限,在文章中提到的其他角色的定位还有待其他学者进一步研究。

说“本人”,比较口语化。“本人”改为“笔者”较好。

(12)固相的体积分数为50%的时候……

不是书面语。改为:

固相的体积分数为50%时……

(13)……提出海底隧道防排水有关方法,以供各位参考。

“各位”,口语化,又不简练。改为:

……提出海底隧道防排水有关方法,以供参考。

(14)这些微量元素的缺乏能引起苜蓿微量元素的下降。

这个句子好像是从外文直译过来的,不符合汉语的习惯。改为:

缺乏这些微量元素能引起苜蓿微量元素下降。

(15)月球是地球重力的六分之一。

“A的C是B的C的……”,可以简说成“A的C是B的……”。按此规则,改为:

月球的重力是地球的1/6。

(16)采用逐株挂牌的方式,散粉前按照0~5级育性标准分类:0级——花药外露0%;1级——花药外露0~5%;2级——花药外露5~25%;3级——花药外露25~50%;4级——50~75%;5级——花药外露75%以上。

数值分段时,数值有重叠,会引起麻烦。比如,花药外露50%,是属于3级还是属于4级,似乎均可,这就有歧义。

讲级别,还是用汉字数字或希腊数字比较好,用阿拉伯数字有时会产生歧义。比如,说“3级”,就有“3个级别”的意思。

写百分数范围时,前边的“%”不能省略。如句子中“5~25%”的写法是错的。

原句改为:

采用逐株挂牌的方式,散粉前按照0~5级育性标准分类:0级,花药外露0;一级,花药外露>0~≤5%;二级,花药外露>5%~≤25%;三级,花药外露>25%~≤50%;四级,花药外露>50%~≤75%;五级,花药外露>75%。

第 2 篇　科技名词术语误用和别字

本篇涉及 2 方面的内容:一是科技名词术语误用;二是别字问题。

第9章　未使用规范的科技名词术语

科技名词术语是科学概念的语言符号，在人们推动科学技术向前发展的历史长河中同时产生并发展了各种科技名词术语，作为思想和认识交流的工具，进而推动科学技术的发展。

科技期刊及其刊载的论文应使用全国科学技术名词审定委员会（简称全国名词委）审定公布的科技名词术语。全国名词委于1985年成立，是经国务院授权，代表国家进行科技名词审定、公布和管理的权威性机构。

国务院1987年8月12日明确批示："经全国科学技术名词审定委员会审定公布的名词具有权威性和约束力，全国各科研、教学、生产、经营以及新闻出版等单位应遵照使用。"

为认真贯彻国务院这一指示精神，国家科委、中国科学院、国家教委、新闻出版署1990年6月23日发出联合通知，提出3项明确要求：

1）各新闻单位要通过各种宣传媒介宣传名词统一的重要意义，并带头使用已公布的名词。

2）各编辑出版单位今后出版的有关书刊、文献、资料，要求使用公布的名词。特别是各种工具书，应把是否使用已公布的规范词，作为衡量该书质量的标准之一。

3）凡已公布的各学科名词，今后编写出版的各类教材都应遵照使用。

目前已公布了几十种，每一种就是一本书。例如：

《测绘学名词》
《船舶工程名词》
《大气科学名词》
《地理学名词》
《地球物理学名词》
《地质学名词》
《电工名词》
《电子学名词》
《动物学名词》
《公路交通科技名词》
《古生物学名词》
《海洋科学名词》
《航海科技名词》
《化学工程名词》
《化学名词》
《计算机科学技术名词》
《建筑·园林·城市规划名词》
《力学名词》
《林学名词》
《煤炭科技名词》
《农学名词》
《人体解剖学名词》
《生理学名词》
《生物化学名词·生物物理学名词》
《石油名词》
《数学名词》
《水利科技名词》
《天文学名词》
《铁道科技名词》
《土壤学名词》
《微生物学名词》
《物理学名词》
《细胞生物学名词》
《医学名词》
《遗传学名词》
《植物学名词》
《自动化名词》
《组织学名词·胚胎学名词》

兹将发现的科技论文中使用不规范的科技名词的例子归纳如下，供参考。

不规范的科技名词术语(括号中是正确的)

X光(X线)
阿尔采末病、老年痴呆(阿尔茨海默病)
阿米福汀(注射用氨磷汀)
阿斯匹林(阿司匹林)
埃希氏菌(埃希菌)

艾美拉唑(埃索美拉唑)
安定(地西泮)
氨甲喋呤(氨甲蝶呤)
疤痕(瘢痕)
白色念珠菌(白念珠菌)
胞浆(胞质)
倍美力(结合雌激素)
比热(比热容,质量热容量)
比重(密度,相对密度)
辩证论治(辨证论治)
标记物(标志物)
冰冻(冷冻)
病毒唑(利巴韦林)
波尔兹曼常数
（波尔兹曼常量)
波立维(氯吡格雷)
布加氏综合征
（布加综合征)
布喇格匹配(布拉格匹配)
查体(体检)
垂体后叶(神经垂体)
垂体前叶(腺垂体)
粗糙度(表面粗糙度)
大肠埃希氏菌
（大肠埃希菌)
大肠杆菌(大肠埃希菌)
胆固醇脂(胆固醇酯)

胆红质(胆红素)
胆漏(胆汁渗漏)
当量浓度(浓度,
物质的量浓度)
笛卡尔(笛卡儿)
电机(电动机)
电流强度(电流)
电脑(计算机)
定压比热容(比定压热容)
鄂板(颚板)
机理(机制)
返流性胃炎(反流性胃炎)
方向盘(转向盘)
房颤(心房颤动)
房早(房性期前收缩)
放射性强度(活度)
分子量(分子质量,
相对分子质量)
浮肿(水肿)
驸马酸亚铁(富马酸亚铁)
副睾(附睾)
副粘病毒(副黏病毒)
傅立叶(傅里叶)
甘油三酯(三酰甘油)
肝脾肿大(肝脾大)
高血压病(高血压)
高血脂症(高脂血症)

革兰氏阳性(革兰阳性)
格林-巴利综合征
(吉兰-巴雷综合征)
梗塞(梗死)
骨腊(骨蜡)
光密度(吸光度)
硅钢片(硅钢薄板)
红霉抗生素(红霉素)
红细胞压积(血细胞比容)
互联网(因特网)
怀孕(妊娠)
环孢霉素(环孢素)
环氧化酶(环氧合酶)
混合结缔组织病(混合性
结缔组织病)
机率(概率)
机能(功能)
机械性能(力学性能)
肌肉注射(肌内注射)
鸡金(鸡内金)
激磁线圈(励磁线圈)
急性肾衰(急性肾衰竭)
甲基强的松龙(甲泼尼龙)
剪切模量(切变模量)
剪切应力(切应力)
角电流强度(角电流)
禁忌症(禁忌证)
聚氨脂(聚氨酯)
聚脂材料(聚酯材料)
绝对温度(热力学温度)
均方根(方均根)
卡路里(热量)
抗菌素(抗生素)
抗痨(抗结核)
抗炎(抗感染)
考马斯亮兰(考马斯亮蓝)
柯柯碱(可可碱)
可控硅(晶闸管)
克当量(物质的量)
克分子数(物质的量)
克离子数(物质的量)
克数(质量)
克原子数(物质的量)
枯否氏细胞(库普弗细胞)
朗格罕斯细胞(朗格
汉斯细胞)
雷米封(异烟肼)
类风湿性关节炎
(类风湿关节炎)
冷颤(寒战)
利巴传林(利巴韦林)
粒子剂量(粒子注量)
林格氏液(林格液)
咯痰(咳痰)

绿脓杆菌(铜绿假单胞菌)
氯仿(三氯甲烷)
罗音(啰音)
麻黄素(麻黄碱)
马达(电动机)
马凡氏综合征
(马方综合征)
马凡综合征(马方综合征)
马福炉(马弗炉)
霉菌(真菌)
美蓝(亚甲蓝)
美尼尔病(梅尼埃病)
免疫源(免疫原)
摩擦系数(摩擦因数)
摩尔浓度(浓度,
物质的量浓度)
摩尔数(物质的量)
内窥镜(内镜)
脑梗塞(脑梗死)
脑神经(颅神经)
中风(西医用卒中)
逆转录(反转录)
黏模(黏膜)
鸟甘酸(鸟苷酸)
尿滁留(尿潴留)
柠檬酸(枸橼酸)
扭矩(转矩)

浓度/(mg·L^{-1})(质量
浓度/(mg·L^{-1}))
怒塞尔数(努塞尔数)
皮层(皮质)
皮带轮(带轮)
剖腹产(剖宫产)
普通车床(卧式车床)
七氟醚(七氟烷)
汽车刹车系统(汽车
制动系统)
强的松(泼尼松)
桥本氏病(桥本病)
缺氧(低氧)
热电耦(热电偶)
三爪卡盘(三爪
自定心卡盘)
沙雷氏菌(沙雷菌)
刹车力(制动力)
上清(上清液)
肾功能衰竭(肾衰竭)
食道(食管)
食道癌(食管癌)
室颤(心室颤动)
室早(室性期前收缩)
适应症(适应证)
嗜酸细胞(嗜酸性粒细胞)
嗜中性粒细胞

（中性粒细胞）
首免（首次免疫）
死亡率（病死率）
苏木素（苏木精）
速尿（呋塞米）
羧苄青霉素（羧苄西林）
他巴唑（甲巯咪唑）
台盼蓝（锥虫蓝）
泰能（亚胺培南-西司他丁钠）
炭青酶烯（碳青霉烯）
体积百分比浓度（体积分数）
体积百分含量（体积分数）
体积克分子浓度（浓度，物质的量浓度）
体重（体质量）
天门冬氨酸（天冬氨酸）
天数（时间）
铁芯（铁心）
通讯（通信）
同功酶（同工酶）
同位素（核素）
图纸（图样）
土豆（马铃薯）
瓦特数（功率）
微反（微反应器）
围产期（围生期）
胃食管返流（胃食管反流）
西红柿（番茄）
矽病（硅沉着病）
细胞浆（细胞质）
纤维母细胞（成纤维细胞）
消炎痛（吲哚美辛）
心肌梗塞（心肌梗死）
心脏移植（心移植）
芯轴（心轴）
溴酚兰（溴酚蓝）
溴化乙锭（溴化乙啶）
许旺细胞（施万细胞）
血沉（红细胞沉降率）
血色素（血红蛋白）
血液动力学（血流动力学）
亚甲兰（亚甲蓝）
生理盐水（0.9%氯化钠溶液）
杨氏模量（弹性模量）
胰高血糖素（肠高血糖素）
幽门螺旋杆菌（幽门螺杆菌）
右束支阻滞（右束支传导阻滞）
淤斑（瘀斑）
原子量（相对原子质量）

早搏(期前收缩)
噪音(噪声)
植物神经(自主神经)
质量百分比浓度
(质量分数)
中周(中频变压器)
重量百分数(质量分数)
重涨液(重张液)
紫绀(发绀)
紫衫醇(紫杉醇)
紫药水(甲紫)
综合症(综合征)
左额叶皮层(左额叶皮质)

第 10 章　别字或未使用首选字

科技论文一定要消灭错别字。

错别字是错字和别字的合称。错字,指笔画有错误的“字”,在规范的字典里查不出的“字”;别字,指把甲字写成乙字,往往是同音字,规范的字典里虽然有,但用在这里不恰当的字。

错字容易消灭,只要把好一个关口,即不要利用软件的造字功能随便造字,就可以了;而消灭别字,却不是那么简单的事。

要消灭别字,编辑与作者应具有严谨的学风和一丝不苟的工作态度。可从如下方面着手:

一要靠文字功底,从词义上去辨识;

二要熟悉《第一批异形词整理表》;

三要勤查字典,并注意采用字典中推荐的词形(首选字)。

兹将发现的科技论文中使用别字的例子归纳如下,供参考。

别字或未使用首选字(括号中是正确的)

“之”字型(形)

报导(道)

本份(分)

笔划(画)

必须(需)的氨基酸

必需(须)执行

编者案(按)

辩(辨)析

标识(志)

标识(志)符

泊(舶)来品

不化(花)一分钱

不能查出那(哪)道工序

引起抗力降低

不容(毋庸)置疑
不象(像)
不宜(易)受外力破坏
部份(分)
簿(薄)壁
莱苔(薹)
参于(与)
参预(与)
搀(掺)假
搀(掺)杂
常(长)年咳嗽
车箱(厢)
趁(称)心
成份(分)
成象(像)
乘座(坐)舒适性
吃干柞(榨)净
驰(弛)豫
筹马(码)
出谋画(划)策
初(粗)浅建议
处治(置)技术
磁(瓷)器
赐与(予)
从广意(义)上讲
粗卤(鲁)
搭挡(档)

大球与小球之间的
　空挡(当)太大
导至(致)
得过切(且)过
登陆(录)号
登陆(录,在网页
　访问的意义上)
迭(叠)加
叠(迭)代法
订(定)制
定(订)单
定(订)户
定(订)货
定(订)阅
洞察陷井(阱)
发人深醒(省)
烦燥(躁)
反映(应)迟钝
反映(应)条件
非线形(性)度
分(份)额
分辩(辨)率
份(分)量
份(分)内
份(分)子
丰富多采(彩)
幅(辐)射

付(附)加值
复(覆)盖
干与(预)
柑桔(橘)
钢(刚)性
告戒(诫)
隔(膈)肌
功(攻)克
汞蒸汽(气)
勾划(画)
股分(份)
关连(联)
光采(彩)
过渡(度)增长
喝采(彩)
弘(宏)图
红绿兰(蓝)三色
宏(弘)扬
花了很大功(工)夫
灰份(分)
恢复致(至)术前水平
混和(合)
机伶(灵)
即(既)不能说意大利语，
　又不能说法语
即(既)快速又高效
既(即)便
继(既)往开来
寄与(予)
家俱(具)
驾御(驭)
架式(势)
嫁装(妆)
坚忍(韧)不拔
减档(挡)
简炼(练)
建立于(与)之相适应的
　现代企业制度
将上式带(代)入
脚根(跟)
截止(至)2005年底
截止(至)目前
界(介)于HCFC22与
　CFC12之间
藉(借)以
进尔(而)
进行寻优考查(察)
精彩分(纷)呈
就(究)其原因
就坐(座)
桔(橘)红色
决(绝)大多数
考马斯亮兰(蓝)
刻划(画)

矿石入炉品味(位)
狼籍(藉)
累坠(赘)
联(连)贯
联(连)接
连(联)结
留(流)连
螺铨(栓)
每组两副(幅)图
门坎(槛)
摸(模)拟
摹(模)仿
磨(摩)擦
磨(摩)擦力
乃……所至(致)
拟和(合)曲线
凝炼(练)
牛崽(仔)裤
偶(耦)合
佩带(戴)
期待以(已)久
牵联(连)
欠帐(账)
茄(夹)克
侵(浸)润
请登陆(录)我们的网站
人材(才)

日蚀(食)
溶(融)为一体
若(如)果
三层窑院相迭(叠)的独特布局
摄象(像)机
石腊(蜡)
受益非(匪)浅
孰(殊)不知
树酯(脂)
水份(分)
思惟(维)
死心踏(塌)地
松驰(弛)因子
算帐(账)
遂(隧)洞
塌(踏)实
疼痛巨(剧)烈
体症(征)
替换调(掉)
通讯(信)作者
图象(像)
推委(诿)
外型(形)图
危急(及)社会
惟(唯)一
惟(唯)有

蔚兰(蓝)色
文献标识(志)码
无论那(哪)种
无所事是(事)
希(稀)奇
希(稀)少
洗衣机面版(板)
细胞增值(殖)
下功(工)夫
显象(像)管
象(像)素
象(像)子程序一样
像(相)貌
消费者的置(质)疑
硝酸甘油蒸汽(气)
小题大作(做)
叙(序)言
璇(旋)刀
血管增值(殖)
压迫至(致)管腔狭窄
液体变得粘(黏)稠
一新纪(记)录种
衣著(着)
遗骇(骸)
迎(赢)得了乘客赞扬
盈(营)利性
赢(盈)余
影象(像)
映象(像)
鱼(渔)具
园(圆)形
原(缘)故
原(缘)由
原形必(毕)露
云(芸)豆
运动粘(黏)度
杂交水稻有望创记(纪)录
粘(黏)弹性
粘(黏)度
粘(黏)附
粘(黏)粒
粘(黏)膜
粘(黏)性
粘(黏)滞阻尼系数
招至(致)乘客投诉
折衷(中)
震(振)荡频率
征订启示(事)
征召(兆)
蒸溜(馏)水
正置(值)青春期
知识份(分)子
执着(著)
直接(截)了当

制做(作)

致(至)关重要

主要是由……所至(致)

组份(分)

左(佐)证

座(坐)标

做(作)为

第3篇　标点符号误用

标点符号是书面语言不可缺少的组成部分，不仅具有表示停顿、语气以及词语的性质和作用的功能，而且有辅助修辞和有利于准确表达语义的作用。

我国政府历来十分重视标点符号的使用问题。1951 年 9 月，中央人民政府出版总署公布了《标点符号用法》。1990 年 3 月，国家语言文字工作委员会和新闻出版署联合发布了修订后的《标点符号用法》。1995 年 12 月 13 日，国家技术监督局发布了 GB/T 15834—1995《标点符号用法》，它作为国家标准颁布，本身就足以说明正确使用标点符号的重要性。

但是，由于各种原因，科技论文中标点符号使用不规范的问题却普遍存在，这应当引起作者和编辑的注意。

本篇以国标《标点符号用法》为依据，并参考有关文献，针对科技期刊及其刊载的文章中标点符号误用的实例来讨论以下几方面的问题：

1）点号误用；

2）点号的降格使用问题；

3）标号误用；

4）标号与点号配合不当；

5）系列标点处理不当。

第 11 章　点号误用

点号的作用在于点断，主要表示停顿和语气。

科技论文中用得较多的是顿号、逗号、分号、冒号和句号，而问号用得较少，叹号基本不用。

11.1　顿号误用

国标规定：“句子内部并列词语之间的停顿，用顿号。”这就告诉我们：

1）用顿号点断的只能是词或者短语；

2）这些词或者短语只能是并列关系。

不注意这 2 点，就会出错。

该用而未用顿号

（1）北美（加拿大，墨西哥，美国）有 38 座高炉。

逗号改为顿号。

（2）桂花具有疏肝理气，祛痰止咳和顺肺开胃的功效。

逗号改为顿号。

（3）最近，研究热点转向它在海洋中的应用，如通过添加合金元素，热处理，形成微晶材料等方法来提高其抗蚀性能。

改为：

最近，研究热点转向它在海洋中的应用，如通过添加合金元素、热处理、形成微晶材料等方法来提高其抗蚀性能。

（4）容许水平偏移量随工作性质，操作情况与作业环境的不同而变化。

逗号改为顿号。

(5)介绍 CMOS 图像传感器 OV9640 性能的特点,系统的总体结构,以及 S3C2440 与 OV9640 的接口电路。

改为:

介绍 CMOS 图像传感器 OV9640 性能的特点、系统的总体结构,以及 S3C2440 与 OV9640 的接口电路。

或者将顿号改为“和”。

(6)表 1　单侧输尿管结扎模型各组大鼠血肌肝,尿素氮及体重的变化

逗号改为顿号。

(7)负荷,速度,温度,环境气氛等对转移膜的生成有着直接的影响。

逗号改为顿号。

(8)反倒是在朝着年轻化,科技化的方向大步行进。

逗号改为顿号。

(9)浮式网箱通常由框架,网面,锚泊绳索,浮子和沉子等构成。

逗号改为顿号。

(10)选择土壤状况相近,光照良好的植株 3 株。

逗号改为顿号。

(11)焦核龙眼是龙眼中的珍稀品种,具有核小,果肉厚等优良性状。

改为:

焦核龙眼是龙眼中的珍稀品种,具有核小、果肉厚等优良性状。

(12)许多方法被用来合成氧化锌纳米结构,如金属有机物卸相沉积法[4],热蒸发和热分解[5],激光辅助气液固生长[6],电气化学沉积,溶胶凝胶法,热液处理等。

改为:

许多方法被用来合成氧化锌纳米结构，如金属有机物卸相沉积法[4]、热蒸发和热分解[5]、激光辅助气液固生长[6]、电气化学沉积、溶胶凝胶法、热液处理等。

(13)分析资料包括新井井位图，油层顶面构造图，周围一线井的标准井电测曲线编汇图，邻近补心海拔或地面海拔、地面录井资料、必要时也要参考动态资料等。

改为：

分析资料包括新井井位图、油层顶面构造图、周围一线井的标准井电测曲线编汇图，以及邻近补心海拔或地面海拔、地面录井资料，必要时也要参考动态资料等。

(14)挤出机各段的温度为200/190/200/200/220/210/200 ℃。

“/”改为顿号。

(15)其走向图，地质剖面及布置图分别见图4和图5。

逗号改为顿号。

(16)根据俄罗斯资料，该型超音速导弹由3个主要舱段构成，包括发动机段，战斗部段和制导舱段。

改为：

根据俄罗斯资料，该型超音速导弹由3个主要舱段构成，包括发动机段、战斗部段和制导舱段。

(17)利用改进的模型并结合中国移动通信市场，得出了2005年度和2006年度中国联通2家企业的顾客转移成本，均衡价格，均衡补偿，转移率和新用户入网率等参数。

改为：

利用改进的模型并结合中国移动通信市场，得出了2005年度和2006年度中国联通2家企业的顾客转移成本、均衡价格、均衡补偿、转移率和新用户入网率等参数。

(18)同时笔记本的小巧，灵活，接口标准的特点，使其在现场新闻采访,编辑制作,存储,发送等方面有着得天独厚的技术优势,确保了新闻的时效性,它在非编系统的演示,家庭办公,家庭多媒体制作等方面同样优势明显。

改为:

同时,笔记本计算机的小巧、灵活、接口标准的特点,使其在现场新闻采访、编辑制作、存储、发送等方面有着得天独厚的技术优势,确保了新闻的时效性。它在非编系统的演示、家庭办公、家庭多媒体制作等方面同样优势明显。

(19) 被动调 Q 技术以其价格低廉,运转可靠和结构简单等优点在中小功率激光器中获得广泛应用。

逗号改为顿号。

(20)地球各层的静态物理性质,如密度,弹性常数等,是由各层多种稳定相的晶体结构和化学成分决定的。

改为:

地球各层的静态物理性质,如密度、弹性常数等,是由各层多种稳定相的晶体结构和化学成分决定的。

(21) TiO_2 由于其物理化学性质稳定和优良的光学、电学性质,不仅在催化和环境污染物净化等领域得到广泛应用,而且在气体传感器,太阳能电池,能量传动系统中也有很大的应用前景。

改为:

TiO_2 由于其物理化学性质稳定和优良的光学、电学性质,不仅在催化和环境污染物净化等领域得到广泛应用,而且在气体传感器、太阳能电池、能量传动系统中也有很大的应用前景。

不该用而用了顿号

(1)"其一、""其二、""其三、"

汉字序次语之后的停顿应当用逗号,即"其一,""其二,""其三,"。

(2)序号“1、”“2、”“3、”

阿拉伯数字作为序次语使用时,按习惯其后不用顿号。改为“1.”“2.”“3.”。

(3)缅甸天然气产量增加迅速、前景良好、国内消费低、出口潜力大。

这是一个由4个并列分句构成的复句,其间不能用顿号。顿号改为逗号。

(4)沉埋管段法不适于特长(大于6 km)隧道、不适于硬岩地层、更不适用于台湾海峡。

顿号改为逗号;此外,2处“不适于”改为“不适用于”。

(5)王钢教授现任南京博大肾科医院院长,博士生导师、享受国务院特殊津贴专家。

顿号改为逗号,“专家”删去。

(6)目前国内、外有关山药组培技术研究的报道较少。

并列词素间可以用顿号,但这里顿号宜删去。

(7)[题名] 过海、过江(河)隧道线路设计简析

题名中如果不引起歧义,以省去顿号为好。

(8)AGP试验的培养条件为:采用白色荧光灯、照度设定为4 000 Lux、室温20 ℃、明、暗各12 h。

改为:

AGP试验的培养条件为:采用白色荧光灯,照度设定为4 klx,室温20 ℃,明、暗各12 h。

(9)图1中的粒子分成6维,分别示意1个A型、2个B型,3个C型。

顿号改为逗号。

(10)认为只要把种的烟叶烤黄、能卖个好价钱、种田的收入高就行。

不是并列关系，顿号改为逗号。

(11) RP 与 SP 调查各有优缺点，要进行既简单有效、又合理精确的交通调查，最好的方法就是将二者结合起来。

顿号处无须停顿，顿号删去。

(12)其目的是建立一个对复杂地形高度适应、性能可靠、体积小巧、并具有两栖环境下活动能力的小型八足步行机器人平台。

“并”前的顿号改为逗号。

(13)据估计，基地航天员平均每人每天要排出 1.5 kg 的尿、0.15 kg 的大便、2.28 kg 的汗液和呼出的水气、同时还呼出 1.0 kg 的二氧化碳。

改为：

据估计，基地航天员平均每人每天要排出 1.50 kg 的尿、0.15 kg 的大便、2.28 kg 的汗液，呼出若干水气，同时还呼出 1.0 kg 的二氧化碳。

(14)其设计式样、固有强度、就连缺点都与 V8 完全相同。

“就连缺点”与“设计式样”“固有强度”不是并列关系，第 2 个顿号改为逗号。

(15)［摘要］ 袖阀管注浆工法由于具有更好地控制注浆范围与注浆压力、可进行重复注浆、且发生冒浆与串浆的可能性很小等特点，被公认为最可靠的注浆工法之一。

“发生冒浆与串浆的可能性很小”与“更好地控制注浆范围与注浆压力”“可进行重复注浆”不是并列关系，“且”前的顿号改为逗号。

(16)当然，一些交易规模很大、且有其他渠道完成交易的 SP 可以对通信运营商发起强有力的挑战，如与“互联星空”合作的网易、盛大网络。

“且”前的顿号删去。

(17)双氯芬酸二乙胺为非甾抗炎药，其作用机制与双氯芬酸一致，药效强、不良反应少、剂量小、个体差异小、广泛用于炎症疼痛的治疗。

"广泛"前的顿号改为逗号。

(18)在军官食堂用餐时，一楼联络处的大厅内传来了欢快的、但音调并不和谐的歌声。

顿号删去。

(19)在无烧结矿的全球团操作中，通常要加入5%~10%的由转炉渣、回收废钢、球团粉末、以及铁氧化物废料制成的压块。

"以及"前若用点号，则只用逗号，而不用顿号。

(20)研究结果显示：组分、配副、环境气氛、膜的组成和膜厚、以及摩擦速度和载荷对膜涂层摩擦磨损性能的影响比较大。

"以及"前的顿号改为逗号。

(21)用光纤光栅传感器探测外界参量的技术有很多，其中包括基于光强、相位、偏振态、以及波长变化的技术。

"以及"前的顿号改为逗号。

(22)［摘要］介绍种子包衣现有技术方法，种衣剂的概念、作用机制、成分和分类、以及种衣剂功能的研究进展。

"以及"前的顿号改为逗号。

(23)可以满足消费者既想降低排放、又能符合实际投产条件的心愿。

顿号删去或改为逗号。

(24)空气凤梨抗逆性强、易管理、洁净、轻便、无需泥土、既能赏叶，又可观花、观苞片；同时既可夜间吸改CO_2，又可吸收有毒有害物质，持续地净化室内空气，因此是室内装饰植物的重要组成部分。

点号乱用。改为：

空气凤梨抗逆性强，易管理，洁净，轻便，无需泥土，既能赏叶，又可观花、观苞片，同时，既可夜间吸改CO_2，又可吸收有毒有害物质，持续地净化室内空气;因此,是室内装饰植物的重要组成部分。

(25)“七五”、“八五”期间他还主持完成了国家科技攻关项目“畜禽保种方法的研究”、“线性与非线性模型在动物育种中的应用研究”、“电子计算机在家畜育种中的应用”、“系统保种研究”等多项课题,并担任国家“七五”、“八五”科技攻关项目“中国瘦肉猪新品系选育及其配套”的总顾问。

连续的引号之间的顿号宜省去。

(26)一说到 MPV,脑子里总是能蹦出“家庭”、“空间”、“舒适”这样的词。

顿号宜省去。

(27)包括的字段有“产品一级分类”、“产品二级分类”、“认证产品 ID”、“产品名称”、“产品别名”等。

顿号宜省去。

(28)所发生的“苏丹红”、“孔雀石绿”、“瘦肉精”事件,都向人类发出了警示。

顿号宜省去。

(29)河南洛阳出土的“含嘉仓”、“兴洛仓”、“回洛仓”是地下仓建设的范例。

顿号宜省去。

(30)坂田曾先后获得“全国百强村”、“全国文明村”、“广东省文明示范村”等殊荣。

顿号宜省去。

(31)HVX200 从上市到现在都是低成本高清制作者关注的机型之一,并且在许多高清电影中作为辅助拍摄的机器使用,如《梦想照进现实》、《十三棵泡桐树》等一些获奖影片中都有 HVX200 拍摄的部分镜头。

连续的书名号之间的顿号宜省去。

(32)应加强对《会计法》、《公司法》、《企业会计制度》、《证券法》等法律法规的宣传和普及。

顿号宜省去。

11.2 逗号误用

国标规定:句子内部主语与谓语之间如需停顿,句子内部动词与宾语之间如需停顿,句子内部状语后边如需停顿用逗号;复句内各分句之间的停顿,除了有时要用分号外,都要用逗号。

对于逗号的使用,常见的问题有下列3类。

该用而未用逗号

(1)每剂含枸杞子20 g　菟丝子20 g　覆盆子10 g　车前子5 g　五味子2.5 g。

各项间应加逗号,而不宜用空格表示停顿。改为:

每剂含枸杞子20 g,菟丝子20 g,覆盆子10 g,车前子5 g,五味子2.5 g。

(2)可以肯定的是链格孢属中的大孢子种,不是引起小麦黑胚病的病原菌。

长宾语之前可用逗号。改为:

可以肯定的是,链格孢属中的大孢子种不是引起小麦黑胚病的病原菌。

(3)沿土壤自然剖面向下pH值呈逐渐增大趋势。

句首状语之后应有逗号。改为:

沿土壤自然剖面向下,pH值呈逐渐增大趋势。

(4)到20世纪中叶国外种子处理技术迅猛发展。

句首状语之后应有逗号。改为:

到20世纪中叶,国外种子处理技术迅猛发展。

(5)从1988年Ager发现第一个水通道蛋白至今已发现10个

亚型。

句首状语后边应有逗号。改为：

从 1988 年 Ager 发现第一个水通道蛋白至今，已发现 10 个亚型。

(6)因为车辆段出入线是弯道，司机不能连续地看到信号机 X12 的显示，所以在信号机 X12 前方停车标牌前 80、70、60 m 处设置了 3 个预告标，提醒司机注意距离。

关联词“所以”之后字数比较多，需要停顿，应加逗号。

(7)悬架对汽车的行驶平顺性、乘坐舒适性及操纵稳定性等多种使用性能都有很大影响，因此悬架设计一直是汽车设计人员非常关注的问题之一。

关联词“因此”后边宜加逗号。

(8)众所周知人体吸进体内的氧气有 98% 被正常利用。

插说“众所周知”后边应有逗号。

(9)当然由于时间和笔者的资源有限，在文章中提到的其他角色的定位还有待进一步研究。

插说“当然”后边应有逗号。

(10)另外在研究 Sobolev 迹嵌入定理中的最佳常数时会很自然地遇到这类问题。

插说“另外”后边应有逗号。

(11)另外国与国、洲与洲之间的海底隧道也正在筹建。

“另外”后边应有逗号。

(12)此外途观目前可以提供多达 7 种辐射颜色。

插说“此外”后边应有逗号。

(13)其实这款车最特别的地方还在于那款最新搭载的 2.5 L V6 发动机。

插说“其实”后边应有逗号。

(14)不过遗憾的是试驾地点杭州并没有开通此项功能，我们也无法领略到它的便捷。

插说“不过”后边应有逗号。

(15)显然互联网网络端到端传送的质量保障成为关键。

插说“显然”后边应有逗号。

(16)当然为了使屏幕保持清洁,在使用触摸屏功能时手得洗干净了,而且需要注意的是大的LCD势必也会更加耗电。

插说“当然”后边应有逗号。

(17)对于粮油工业来说,管理包括质量管理、经营管理、资金管理、现场管理、制度管理和人才管理等等。

省略代词“等等”前边加逗号(用1个“等”时,“等”前不加逗号)。

(18)此时,没有模态二阶谐振的情况发生,用中国电力科学研究院综合稳定程序求得系统功角曲线见图5。

“见图5”前边应有逗号,否则句子“粘连”。

(19)他们发现随着杉木人工林林龄增长土壤中细菌和真菌的数量呈先下降后上升的趋势。

缺逗号,使一口气读下来,太累;此外,还有语病。改为:

他们发现,随着杉木人工林林龄的增长,土壤中细菌和真菌的数量呈先下降后上升的趋势。

(20)多个轨道的大幅度突跳点并没有在1年内被连续观测到从2000年6月10日开始轨道的该频点的高强度变化消失。

缺逗号。改为:

多个轨道的大幅度突跳点并没有在1年内被连续观测到,从2000年6月10日开始,轨道的该频点的高强度变化消失。

(21)收敛仪是用于测量和监控隧道变形的主要仪器,由连接、测力、测距3部分组成。适用于测量隧道、巷道、峒室及其他工程围岩周边任意方向两点间距离的微小变化。

句子未完，“适用于”前的句号应为逗号。

(22)由图4可以看出，随着载荷作用次数的增加，干涉区域面积逐渐增大，零件的失效概率增加，可靠度降低。则由零件组成的系统的可靠度随着载荷作用次数的增加也降低。

句子未完，“则”前的句号应为逗号。

(23)这样就推迟了喷药时间，并减少了喷药次数。从而节省了种子和农药的用量，节约了劳动力，降低了生产成本。

句子未完，“从而”前的句号应为逗号。

(24)本刊自创刊以来，在促进教学和激发中学生学习兴趣，提高学习成绩方面起了积极和有益的作用。深受全国中学同学和老师们的欢迎与好评。

句子未完，“深受”前的句号应为逗号。

(25)北京的环境污染是煤烟型污染。致使北京天不蓝，水不清……。

句子未完，“致使”前的句号应为逗号。

(26)从最近几年的消费者教育来看，不少车主已经认识到，保护我们权益的不仅仅是《消费者权益保护法》还有《缺陷汽车产品召回管理规定》和《汽车产品三包条例》。

“还有”前边加逗号。

不该用而用了逗号

(1)式中，r 为平面反射镜 RG 的反射率。

“式中”后只1个单句，而且字数较少，无须停顿，逗号宜删去。

(2)式中，μ 为常数。

逗号宜删去。

(3)这也许是目前分子标记辅助选择所面临的最大挑战，和急需解决的问题之一。

连词“和”前边不用逗号，删去。

(4)这种几何构造的好处,是4个水平驱动的砧头之间的狭缝是垂直的,便于X线探测器的安装和衍射扫描。

主语较短而宾语较长,应将“好处,是”改为“好处是,”。即改为:

这种几何构造的好处是,4个水平驱动的砧头之间的狭缝是垂直的,便于X线探测器的安装和衍射扫描。

(5)这使得这些机构能够避免直接布置在高温发动机舱段内,又能在不增大弹径的前提下,扩大了发动机和燃料舱段的容积。

“前提下”后无须停顿,逗号宜删去。

一逗到底

(1)研究表明,对于干燥表面的绝缘子,无论是强电晕还是弱电晕,都基本没有负电晕产生,而对于绝缘子表面存在水珠时,除了产生大量正电晕外,还出现了大量的负脉冲群,且负脉冲的幅值也上升到了和正脉冲幅值几乎一致,说明水珠存在时,绝缘子沿面放电极性发生了变化。

整个语言片段都用逗号,不仅读起来很累,而且句子间的逻辑关系也未明显表示出来。改为:

研究表明:对于干燥表面的绝缘子,无论是强电晕还是弱电晕,都基本没有负电晕产生;而对于绝缘子表面存在水珠时,除了产生大量正电晕外,还出现了大量的负脉冲群,且负脉冲的幅值也上升到了和正脉冲幅值几乎一致。这说明水珠存在时,绝缘子沿面放电极性发生了变化。

(2)当船渐渐离开港口驶向大海时,钱学森长长的出了口气,为了这一天,他足足煎熬了五年,作为当时麻省理工学院最年轻的终身教授和加州理工学院的教授兼美国喷气推进实验室的主任,他的离开震惊了美国军界和科学界,当时的加州理工学院院长杜布里奇在9月17日这天,并没有到码头送行,但他却说了一句意味深长的话:“钱学森回国绝不是去种苹果树的。”

一逗到底,还有语病。改为:

当船渐渐离开港口驶向大海时,钱学森长长地出了一口气。为了这一天,他足足煎熬了 5 年。作为当时麻省理工学院最年轻的终身教授和加州理工学院教授兼美国喷气推进实验室主任,他的离开震惊了美国军界和科学界。当时的加州理工学院院长杜布里奇在 9 月 17 日这天,并没有到码头送行,但他却说了一句意味深长的话:"钱学森回国绝不是去种苹果树的。"

(3)要解决"三农"问题,主要通过什么渠道呢?当然主要依靠乡镇企业的发展壮大,依靠其规模实力的不断扩充与增强,这样才能逐步扩大农民就业,增加农民收入,提高农业效益,有效配置农村资源,调整和优化农村产业结构和就业结构,推动国家工业化、农村城镇化和农业现代化,这些艰巨任务的推动和完成,哪一样离开乡镇企业的发展和壮大,都是难以想象的,也是不可能的。

一逗到底,还有语病。改为:

要解决"三农"问题,主要通过什么渠道呢?当然主要依靠乡镇企业的发展壮大,依靠其规模实力的不断扩充与增强。这样才能逐步扩大农民就业,增加农民收入,提高农业效益,有效配置农村资源,调整并优化农村产业结构和就业结构,推动国家工业化、农村城镇化和农业现代化。离开乡镇企业的发展和壮大,无论要完成这些艰巨任务中的哪一项,都是难以想象的,也是不可能的。

(4)从图 7 中可以看出电荷入陷的位置逐渐向介质体内移动,这是因为温度的上升增加了电荷的电导率,使得电荷能够移动更长的距离后才被陷阱捕获,随着老化时间的增加,逐渐破坏材料内部结构直至介质失去绝缘功能,其中图 7e 显示的是绝缘寿命即将结束之前空间电荷分布图,具体的老化过程分析如下。

一逗到底,造成句子太长,实际上是 4 个句子。第 1 个句子在"随着"前结束,其主语是"我们",被省略了。第 2 个句子的主语暗换成了

别的,未给出,使语义不清楚,应补出。改为:

从图7可以看出,电荷入陷的位置逐渐向介质体内移动,这是因为温度的上升增加了电荷的电导率,使得电荷能够移动更长的距离后才被陷阱捕获。随着老化时间的增加,不断积累的空间电荷逐渐破坏了材料内部的结构,直至介质失去绝缘功能。图7e显示的是绝缘寿命即将结束之前空间电荷的分布。具体的老化过程将分析如下。

(5)经传感器转换和前置放大的水声信号,由于环境、传感器、放大器、传输导线的噪声的影响,往往会含有多种频率成分的噪声信号,严重时这些噪声信号会淹没待提取的水声信号,这些噪声一般随机性很强,很难从时域直接加以分离,但其噪声功率是有限的,并按一定规律分布于与有用的水声信号频谱不同的频带内,在这种情况下,就需要使用带通滤波器来抑制不需要的噪声信号,提高信噪比。

一逗到底,导致句子间的逻辑关系不明;此外,还有语病。改为:

经传感器转换和前置放大的水声信号中,由于环境、传感器、放大器、传输导线的噪声的影响,往往使得多种频率成分的噪声信号与经传感器转换和前置放大的水声信号相混杂,严重时这些噪声信号会淹没待提取的水声信号。这些噪声一般随机性很强,很难从时域直接加以分离,但其噪声功率是有限的,并按一定规律分布于与有用的水声信号频谱不同的频带内。在这种情况下,就需要使用带通滤波器来抑制不需要的噪声信号,提高信噪比。

(6)本文采用小鼠急性毒性试验、腐蚀性试验和浸出毒性测定方法,采集了某油田周边环境较为敏感,且废弃钻井液和油泥产生量及排放量相对较高的井场及集输站的样品,进行了急性生物毒性和浸出毒性试验分析,试验结果可为油田固体废物的毒性评价提供基础毒理性数据,为加强油田固体废物的污染控制及废物管理提供技术依据。

"试验结果"前的逗号改为句号。

(7)比如智能分析功能将是未来视频监控的一个发展方向,但智能分析是一项比较复杂的技术,一个视频监控系统本身的智能分析能力可能非常有限,但是存在一个外部的其他业务系统(比如智能交通系统),其在某方面有着较强的智能分析能力(比如车牌识别),那么这个外部的业务系统可以提供一个标准的智能分析接口供视频监控系统调用,这样,借助该接口,视频监控便能轻松提升智能分析的能力。

这个句子是由 3 个句子组成的,其中都用逗号显然失当;此外,还有语病。改为:

比如实现智能分析功能,将是未来视频监控的一个发展方向,但这是一项比较复杂的技术。一个视频监控系统本身的智能分析能力可能非常有限;但是,存在一个外部的其他业务系统(比如智能交通系统),它在某方面有着较强的智能分析能力(比如车牌识别)。那么,这个外部的业务系统可以提供一个标准的智能分析接口供视频监控系统调用。这样,借助该接口,视频监控便能轻松提升智能分析的能力。

(8)从另一方面看,众所周知,华北克拉通岩石圈地幔主要由强亏损的方辉橄榄岩构成,而软流圈地幔,一般来说,是由比较丰满的二辉橄榄岩构成,由此,可以推测,华北燕山期幔源岩浆的源区应起源于软流圈而不是岩石圈地幔,如果从高镁安山质岩浆形成的机制来看,源区大量水需要俯冲带的脱水作用来提供,因此,从这个视角来看,燕山期幔源岩浆的源区是俯冲带上面的楔形地幔,进而支持了前面关于燕山运动产生的大区域构造背景中提到的东部大陆周边被俯冲带所围的事实。

除了一逗到底,还有语病。改为:

从另一方面看,众所周知,华北克拉通岩石圈地幔主要由强亏损的方辉橄榄岩构成,而软流圈地幔,一般来说,是由比较丰满的二辉橄榄岩构成的。由此可以推测,华北燕山期幔源岩浆的源区应起源于软流圈而不是岩石圈地幔。从高镁安山质岩浆形成的机制来看,源区大量的水需要由俯冲带的脱水作用来提供;因此,从这个视角来看,燕山期幔源岩浆的源区是俯冲带上面的楔形地幔,进而支持了前面关于燕山运动产生的大区域构造背景中提到的东部大陆周边被俯冲带所围的事实。

(9)从整个产业角度来看,按这种模式开展业务,业务的真正经营商不再是少数几家移动通讯的网络运营商,而是众多的SP和ICP,产业的组织模式虽然仍是网络运营商和SP、ICP的合作联盟,但联盟的模式则完全不同于任何一种当代产业组织模式,这种新的组织模式的核心是存在一个业务运作的平台系统(即产业平台),具体开展生产经营活动的企业(这里是指SP和ICP)通过平台系统组织在一起,并开展相应的经营活动和业务,这种以产业平台为核心和基础所形成的有众多关联企业加盟的联盟组织模式即产业平台组织模式[3-4]。

应分成4个句子;此外,还有语病。改为:

从整个产业角度来看,按这种模式开展业务,业务的真正经营商不再是少数几家移动通信的网络运营商,而是众多的SP和ICP。产业的组织模式虽然仍是网络运营商和SP、ICP的合作联盟,但联盟的模式则完全不同于任何一种当代产业组织模式。这种新的组织模式的核心是存在一个业务运作的平台系统(即产业平台),具体开展生产经营活动的企业(这里是指SP和ICP)通过平台系统组织在一起,并开展相应的经营活动和业务。这种以产业平台为核心和基础所形成的有众多关联企业加盟的联盟组织模式即是产业平台组织模式[3-4]。

(10)油田采出水中的主要污染物为油水分离过程中剩余的石油类和生产过程中投加的高分子聚合物、表面活性剂及无机盐类,还含有悬浮物和泥沙,此类废水通常采用二级生化处理达标后排放,但是稠油乳化段废水,乳化严重、氮磷含量低、且含有大量难生物降解的人工合成有机高分子化合物和胶质沥青,可生化性较差,因此,采用普通活性污泥工艺处理效果较差,难以实现对COD_{Cr}的有效降解。

除了一逗到底,还有其他语病。改为:

油田采出水中的主要污染物为油水分离过程中剩余的石油类和生

产过程中投加的高分子聚合物、表面活性剂及无机盐类,还含有悬浮物和泥沙。对于此类废水,通常采用二级生化处理方法处理,达标后予以排放。但是,稠油乳化段废水,乳化严重、氮磷含量低,且含有大量难以实现生物降解的人工合成的有机高分子化合物和胶质沥青,可生化性较差;因此,采用普通活性污泥工艺来处理,效果较差,难以实现对COD_{Cr}的有效降解。

(11)中国是畜牧大国,畜牧业的饲养量十分巨大,对饲料以及饲料添加剂的需求量也十分巨大,现代生物科学的发展和生物技术的广泛应用给农业饲料用酶研究注入了新的活力,特别是近年来体外定向分子进化技术的研究为该领域的发展提供了高效手段,先后取得稳定性好,变性温度提高15~22℃[24],活性提高56%的高比活[25],低pH植酸酶[26,27]的植酸酶。

对点号连同语病作如下修改:

中国是畜牧大国,饲养量十分巨大,因而对饲料以及饲料添加剂的需求量十分巨大。现代生物科学的发展和生物技术的广泛应用,给农业饲料用酶的研究注入了新的活力,特别是近年来对体外定向分子进化技术的研究,为该领域的发展提供了高效手段,先后得到了稳定性好、变性温度提高15~22℃[24]、活性提高56%[25]、pH值较低[26-27]的植酸酶。

(12)通过研究药物的稳态血药浓度(坪浓度),峰浓度,最小有效血药浓度和平均血药浓度,用药间隔时间等设计最佳用药方案,这对临床实践中制定最佳用药方案是具有积极意义的,而且由于脉冲微分方程理论运用在药物动力学研究中的相关文献并不多,所以本文的研究也将丰富这一领域现有的研究成果。

对点号连同语病作如下修改:

通过研究药物的稳态血药浓度(坪浓度)、峰浓度、最小有效血药浓度和平均血药浓度,以及用药间隔时间等来设计最佳用药方案,这对临床实践中制订最佳用药方案具有积极意义。由于脉冲微分方程理论运用在药物动力学研究中的相关文献并不多,所以,本文的研究将丰富这一领域现有的研究成果。

11.3 分号误用

按国标规定,可将分号的用法归纳如下:

1)复句内部并列分句之间的停顿,可以(但不是必须)用分号;

2)非并列关系(如转折关系、因果关系等)的多重复句,第 1 层次的前后 2 部分之间,也用分号;

3)分项列举的各项之间,也可以用分号。

据此来检查,常见的分号误用的问题如下。

该用而未用分号

(1)湿热处理:若为松弛处理,则将试样用纱布包裹,放在不同温度的恒温水浴锅中,使试样完全浸没在水中,分别处理不同时间。若为定张力下的沸水处理,则用高度为 50 cm 的不锈钢锅盛水,用电磁炉将水煮沸,然后将试样吊挂在不同质量的砝码,完全浸没在水中处理不同时间。

冒号后为并列关系的多重复句,句中的句号应为分号;此外,还有语病。改为:

湿热处理:若为松弛处理,则将试样用纱布包裹,放在不同温度的恒温水浴锅中,使试样完全浸没在水里,分别处理不同时间;若为张力恒定条件下的沸水处理,则用高度为 50 cm 的不锈钢锅盛水,用电磁炉将水煮沸,然后将质量不同的砝码挂在试样上,使试样完全浸没在水中,处理不同时间。

(2)由图 1,C 可以看出,倒三叶叶绿体低片层(10 个片层以下基粒)组成的基粒所占比率在扬花期和灌浆末期大于灌浆中期和灌浆初期的,这与旗叶相似。同时,叶绿体中多片层(20 个片层以上基粒)组成的基粒所占比率变化同样呈先升高后降低趋势。

点号连同语病作如下修改：

由图1C可以看出：由倒三叶叶绿体低片层（10个片层以下基粒）组成的基粒所占比率在扬花期和灌浆末期大于灌浆中期和灌浆初期，这与旗叶相似；同时，由叶绿体中多片层（20个片层以上基粒）组成的基粒所占比率变化同样呈先升高后降低趋势。

（3）为了增加变换域上水印容量，出现了利用数学分析或机器学习的方法来优化水印嵌入位置、容量、强度的算法，如Lou等使用神经网络，但是，神经网络易产生过学习现象，且隐层节点数需要根据经验确定。

此为转折关系的多重复句，“但是”前的逗号改为分号。

（4）虽然各级管理人员尤其是企业的中高层管理人员已经对循环经济试点的意义有较好的认同，也支持采取必要的实施措施，但事实上未能真正将循环经济的理念落实到决策及日常生产经营活动中，而是作为另一项“重点工作”来抓。

此为转折关系的多重复句，“但”前的逗号改为分号。

（5）支持向量机是一种基于统计学习理论的新的通用学习方法，基于支持向量机的数字水印算法在较好保持图像感知质量的前提下，对部分图像处理具有很好的鲁棒性，但是由于支持向量机需要训练和学习，具有较高的时间和空间复杂度，嵌入水印容量相对较小而且对JPEG压缩敏感，因而还是欠缺实用性。

此为转折关系的多重复句，“但是”前的逗号改为分号，“但是”后边宜加逗号。

（6）简单遗传算法虽然已经较为完善，但在处理大规模网络时遗传算法仍然存在“早熟”现象，局部搜索能力差，进化过程中不能较好地利用系统信息，并且进化后期易出现振荡现象，因此不能保证以最大概率收敛到全局最优解。

此为转折关系的多重复句,改为:

简单遗传算法虽然已经较为完善;但在处理大规模网络时遗传算法仍然存在“早熟”现象,局部搜索能力差,进化过程中不能较好地利用系统信息,并且进化后期易出现振荡现象,因此,不能保证以最大概率收敛到全局最优解。

(7)C形根管由于存在比较高的副根管、交通支、根尖三角等根管变异的发生率以及峡区存在大量坏死组织和牙本质碎屑,因此在进行根管预备的过程中要注意机械预备和化学预备的结合,仅仅用镍钛器械进行根管预备是不完善的,辅助用超声锉加冲洗液进行根管内荡洗是有必要的。

此为因果关系的多重复句,“因此”前的逗号改为分号,“因此”后边加逗号。

(8)石油化工企业在生产过程中会产生大量含油污泥,含油污泥属于《国家危险废物名录》“HW08 废矿物油”类,随意处置不仅违法,而且会对环境造成巨大危害,因此,如何合理处置含油污泥,避免或减少其对环境产生的危害是当前石油化工企业环保工作的一项重要内容。

此为因果关系的多重复句,第1层次的前后2部分之间,当用分号;此外,还有语病。改为:

伴随石油化工企业生产过程产生的大量含油污泥,属于列入《国家危险废物名录》“HW08 废矿物油”类的危险废物,随意处置不仅违法,而且会对环境造成巨大危害;因此,合理处置含油污泥,避免或减少其对环境的危害,是当前石油化工企业环保工作的一项重要内容。

(9)数控系统是一个复杂的控制系统,特别是高端的数控系统,它不仅仅要求高加工精度和复杂曲线计算能力,还要求能给用户提供人性化操作界面,因此,数控系统是一个计算机科学和电机系统相结合的复合体。

此为因果关系的多重复句，第 1 层次的前后 2 部分之间，当用分号；此外，还有语病。改为：

数控系统是一个复杂的控制系统，特别是高端的数控系统，不仅仅要求高加工精度和复杂曲线计算能力，还要求能给用户提供人性化操作界面；因此，数控系统是一个计算机科学和电机系统相结合的复合体。

(10) 式中：α 为躯体俯仰角，rad。λ 为躯体长宽比。

分项列举，各项之间应当用分号。改为：

式中：α 为躯体俯仰角，rad；λ 为躯体长宽比。

(11) 在给定的设计约束条件下，设计目标为：获得最大的升阻比，同时降低不稳定的水动力力矩，提高滑翔运动的质量，机翼几何模型的参数化定义如图 1 所示。

该用而未用分号，造成句子中各部分关系不明。改为：

在给定的设计约束条件下，设计目标为：获得最大的升阻比；降低不稳定的水动力力矩；提高滑翔运动的质量。机翼几何模型的参数化定义如图 1 所示。

不该用而用了分号

(1) 笔者实现了烟熏曲酶植酸酶[28]；黑曲酶 113 植酸酶[29]；黑曲酶 SK－57 植酸酶[30]在甲醇酵母中的高表达，使上述植酸酶获得了生产价值，还实现了植酸酶在油菜中的高效表达[31]。

词组并列，分号改为顿号。

(2) 国内外有关斜带石斑鱼的研究有不少报道，如外源激素对性转变的影响；自然产卵研究；仔鱼的骨骼发育变化；仔鱼的摄食研究；胚胎发育及仔稚鱼生长发育；环境因子对受精卵孵化和仔鱼活力的影响等。

词组并列，本应当用顿号；但词组比较长，分号改为逗号。

(3) 以某城市地铁为例，区间盾构隧道每延米单价在 90 年代中期一号线为 8 万元;2000 年二号线为 4.68 万元;2002 年三号线为 3.1 万元。

不是第 1 层次上的并列关系,分号改为逗号;此外,使用的数字也需要修改。改为:

以某城市地铁为例,区间盾构隧道每延米单价在 90 年代中期 1 号线为 8 万元,2000 年 2 号线为 4.68 万元,2002 年 3 号线为 3.1 万元。

(4)可见,工作在图 4 区域Ⅱ或区域Ⅲ的系统,当 $|c| < c$ 时,是稳定的;当 $|c| > c$ 时,摩擦力作用的效果是产生具有极限环的自激振动。

不是第 1 层次上的并列关系,分号改为逗号;此外,还有语病。改为:

可见,工作在图 4 所示区域Ⅱ或区域Ⅲ的系统,当 $|c| < c$ 时,是稳定的,当 $|c| > c$ 时,摩擦力作用的效果是产生具有极限环的自激振动。

(5)由于线路操作过电压水平随输电线路长短增加而增加,为限制过电压,一是可通过在线路中设开关站将线路分段,可使操作过电压水平明显降低;二是断路器加装阻值合适的分合闸电阻,则可进一步限制操作过电压水平至较低水平。

“一是”“二是”不是第 1 层次上的并列关系,分号改为逗号。

(6)其原因,一方面可能是由于菌株不同导致毒性差异;另一方面可能是由于蛹壳包住蛹体,分生孢子不能接触到虫体,造成肾的死亡率较低。

“一方面”与“另一方面”不是第 1 层次上的并列关系,分号改为逗号。

(7)分支井技术与目前比较成熟的水平井、侧钻水平井技术相比具有更大的优越性,一方面可以发挥水平井高效、高产的优势,增加泄油面积,挖掘剩余油潜力,提高采收率,改善油田开发效果;另一方面,可共用一个直井段同时开采 2 个或 2 个以上的油层或不同方向的同一个油层,在更好地动用储量的同时比水平井更节省投资。

“一方面”与“另一方面”不是第 1 层次上的并列关系，分号改为逗号。或者分号保留，而将“一方面”前的逗号改为冒号。

(8) 面对这一矛盾，行业领导和专家指出：数控系统产业确实需要国家政策的支持，一方面是要对数控系统生产企业给予支持；另一方面要对使用国产数控系统的用户进行鼓励，增强用户使用国产数控系统的积极性，只有这样才能打破进口数控系统的垄断局面。

“一方面”与“另一方面”不是第 1 层次上的并列关系，分号改为逗号；此外，还有别的点号需要订正。改为：

面对这一矛盾，行业领导和专家指出：数控系统产业确实需要国家政策的支持，一方面是要对数控系统生产企业给予支持，另一方面要对使用国产数控系统的用户进行鼓励，增强用户使用国产数控系统的积极性。只有这样，才能打破进口数控系统的垄断局面。

(9) 现在可以肯定的是华北减薄程度最大，研究程度也最高；东北次之。

不是第 1 层次上的并列关系，分号改为逗号。

(10) 由此可知关中地区 41 年年均 ET_0 的空间分布规律大致为由西北和西南两个方向交叉着分别向东南和东北两个方向逐渐增加，最低值出现在陇县，为 706 mm；最高值出现在蒲城，为 1 043 mm。

不是第 1 层次上的并列关系，分号改为逗号。

(11) 大批的大学生、教师、记者、影视工作者和 DV 爱好者来到 DV 中国技术推广中心［DVCLUB］的展位，一面尽情地欣赏各艺术院校创作的 DV 影片和参与评影活动；一面郑重地登记参加 DV 俱乐部。

不是第 1 层次上的并列关系，分号改为逗号。

(12) 有学者认为，仔鱼从初次摄食到 PNR 的时间越长，建立外源性营养关系的可能性越大；反之，则越小。

不是第 1 层次上的并列关系，分号改为逗号。

(13) 随着 DV 作品创作现象的变化，从追求先锋意识的 DV 创作到DV技术的推广和DV影响的扩大；从出于精英文化意识的表达方式到大众化的表达方式，DV终于走下神坛回归本质，回归到大众的手中，从而掀起了DV（民间）影像的高潮。

不是第1层次上的并列，分号改为逗号。

（14）二棱大麦与六棱大麦的农艺性状有明显差别，前者分蘖力较强，有效穗较多，但着粒稀，每穗粒数少而千粒重高；后者则相反。

不是第1层次上的并列关系，分号改为逗号。

（15）对于伸缩尺度参数 a 来说，小的 a 值对应的小波主频高；大的 a 值对应的小波主频低。

不是第1层次上的并列关系，分号改为逗号。

（16）对花精度是圆网印花机系统中的重要技术指标之一，为提高对花精度，一种做法是采用电气手段使圆网与导带精确同步，具体而言有使用激光、电子脉冲或安装霍尔元件等方法；另一种做法是采用对花控制，即及时发现对花误差并消除。

不是第1层次上的并列关系，分号改为逗号；“之一”后的逗号改为句号。

（17）笔者认为，即使在石沟驿地区中、晚三叠世延长期有厚逾3 km的沉积，其分布范围也很有限；其延展方向应与呈近东西向的延长组地层较厚带相连；而不是南北成带。

不是第1层次上的并列关系，2个分号改为逗号。

（18）对于MPEG-2压缩的视频来说，一方面由于中、低频DCT系数集中了图像帧的绝大部分能量，较好地反映了视频的内容变化；另一方面，中、低频系数在重压缩等合法操作的过程中相对稳定，而对视频帧内容上的篡改敏感。因此利用视频帧亮度块内中、低频DCT系数的能量分布作为镜头分割的依据及内容特征，是一种便捷且恰当的选择。

不是第1层次上的并列关系，分号改为逗号；此外，还有别的点号误用。改为：

对于 MPEG -2压缩的视频来说，一方面由于中、低频 DCT 系数集中了图像帧的绝大部分能量，较好地反映了视频的内容变化，另一方面，中、低频系数在重压缩等合法操作的过程中相对稳定，而对视频帧内容上的篡改敏感；因此，利用视频帧亮度块内中、低频 DCT 系数的能量分布作为镜头分割的依据及内容特征，是一种便捷且恰当的选择。

(19)纯 A1 粉涂层在盐雾条件下易锈蚀，一方面是由于 A1 粉质轻，在涂层厚度一定的情况下，A1 粉的涂层量受到严格限制，耐蚀性降低；另一方面 A1 粉的表面易生成氧化膜，不容易活化，无法单独为基体提供电化学保护。因此，单纯采用 A1 粉制备的涂层没有太大的实际应用价值，本文没有对该类涂层开展微观形貌、电化学性能等方面的实验研究。

分号改为逗号；“因此”前的句号改为分号。

(20)中国烟草进出口贸易起步不晚，已有 20 多年的发展历史。但与国际烟草集团相比，一方面，中国烟草外贸基础薄弱，结构单一、力量分散，在跨国经营管理经验、对国外卷烟市场研究等方面都存在较大差距；另一方面，国际烟草市场已成寡头竞争格局，因此，客观上开拓国际市场难度较大，使得“走出去”难以有实质性突破。

“一方面”与“另一方面”不是第 1 层次上的并列关系，分号改为逗号；“因此”前的逗号改为分号。

(21)这样的联运与互动的过程，就是异域异质文化相互辐射与交流的过程；也是海洋文化得以发展、变迁的过程。

此为并列关系的简单复句，分号宜改为逗号。

(22)在区域大地构造位置上，鄂尔多斯盆地西缘构造带横亘在华北克拉通与阿拉善地块、秦岭造山带与祁连造山带等不同特征的构造单元之间，将中国东、西部分隔为地质特征明显不同的 2 大构造域；也是我国东、西部 2 大地震构造域和地貌区划的分界线。

此为并列关系的简单复句，分号宜改为逗号。

(23)疲劳裂纹通常起始于试样的表面或亚表层的夹杂物、沉淀相、晶界、严重划伤或滑移带等塑性变形不均匀或不协调区域;也可能通过基体/颗粒界面分离、颗粒内部界面的分离或颗粒本身的开裂而起始。

此为并列关系的简单复句,分号宜改为逗号。

(24)矮型、低矮型的观赏草一般采用成片种植的方式;或用于点缀山石、小品,溪流旁栽植,起烘托、陪衬的作用,配置手法往往比较细腻。

选择关系的简单复句之间不用分号,分号改为逗号。

(25)动物细胞中 IP_3 受体位于内质网上,可将 Ca^{2+} 释放进入到细胞质中;但在植物体及酵母中都没有找到 IP_3 的同源受体。

此为转折关系的简单复句,分号改为逗号。

(26)表4为航空润滑油 HP -8B 对有/无氟碳涂层 NBR -5080 性能的影响。从表4中可以看到,有氟碳涂层的 NBR -5080,伸长率 E 从172.8%提高到213.8%,增加了23%;其耐 HP -8B 的性能,由 -1.18 提高到 -0.3,提高了近2.5倍。

不是并列分句,分号改为逗号;此外,还有别的问题。改为:

表4示出航空润滑油 HP -8B 对有无氟碳涂层 NBR -5080 性能的影响。可以看到,有氟碳涂层的 NBR -5080,伸长率 E 从172.8%提高到213.8%,增加了23%,其耐 HP -8B 的性能,由 -1.18 提高到 -0.30,提高了近3倍。

(27)总之,不同的液体在相同的测试系统中,其液滴的体积大小不同;光纤信号的强弱不同;液滴指纹图曲线下的面积不同;液滴指纹的峰高和峰的形状也不同。

不是分项列举,分号改为逗号。

(28)其二是重视手工研、抛作业,使研、抛光作业工艺规范化、专业化、机械化;使研、抛作业的工艺质量、工时可控。

不是并列关系,分号改为逗号。

11.4 冒号误用

国标规定:

1)冒号用来提示下文。这又分为以下 2 种情况:一种是用在称呼语后边;另一种是可以(但不是必须)用在“说、想、是、证明、宣布、指出、透露、例如、如下”等动词后边。

2)冒号用在总说性话语的后边,表示引起下文的分说。

3)冒号用在需要解释的话语的后边,表示引出解释或说明。

4)冒号也可以用在总括性话语的前边,表示总结上文。

常见的冒号误用的情况如下。

该用而未用冒号

(1)这位饱经风霜的领导者在 30 年后的回忆中讲道,“Procar 显示了极大的潜力,但在那时只是刚刚开始。”

“讲道”后的逗号改为冒号。

(2)Dunne 指出,“较年轻的 Burgess 页岩层网络看上去难以置信地像现代的摄食关系网络。”

“指出”后的逗号改为冒号。

(3)中央经济工作会议要求,全面增强自主创新能力,不断推进产业结构调整。要把增强自主创新能力作为科学技术发展的战略基点和调整产业结构、转变增长方式的中心环节。要不断强化创新意识、完善创新机制、培育创新人才,努力走出一条具有中国特色的自主创新之路。

“会议要求”后的逗号改为冒号,才能管下面的几个句子(几项要求)。

(4)绍兴市院士专家工作站主要职能是服务院士专家,搭建沟通渠道;服务地方经济,构筑共建平台;服务企业发展,构建合作机制。

缺冒号,导致并列关系混乱;此外,还有语病。改为:

绍兴市院士专家工作站的主要职能是:服务院士专家,搭建沟通渠道;服务地方经济,构筑共建平台;服务企业发展,构建合作机制。

(5)按角度不整合,可识别出5期造山幕,它们是1)前造山和初始造山幕;2)早期造山幕;3)峰期造山幕;4)晚期造山幕;5)后造山幕。

"它们是"后边加冒号,因为后面是分项列举。

(6)此外,MMP-3可促使鼠乳腺上皮系SCp2发生EMT,其中包括E-cd、细胞角蛋白水平下降,波形蛋白表达升高。同时,细胞黏附力降低,运动性和侵袭性增强;平滑肌肌动蛋白、胶原A1和纤连蛋白等表达改变。

"包括"后边缺冒号,"同时"前边用了句号,导致并列关系被破坏。改为:

此外,MMP-3可促使鼠乳腺上皮系SCp2发生EMT,其中包括:E-cd、细胞角蛋白水平下降,波形蛋白表达升高;同时,细胞黏附力降低,运动性和侵袭性增强;平滑肌肌动蛋白、胶原A1和纤连蛋白等表达改变。

(7)然后,用下面公式计算

$$A = abcde。$$

"计算"后边加冒号,表示提示下文。

(8)另外许多研究表明,一方面,水杨酸对病原体的主要影响是诱导抑制病毒RNA合成;另一方面水杨酸对病原体的影响是改变病原体细胞对细胞的运动方式。

"研究表明"后的逗号改为冒号,"表明"才能管到句末;"另外"后边加逗号。

(9)研究结果表明,NO在肿瘤生长中的作用是浓度依赖性和细胞类型特异性的,过多的NO具有细胞毒性作用,可诱导肿瘤细胞凋亡,抑制肿瘤的生长,而少至中等的NO则起相反的作用;NO在体内和离体条件下的作用可能是完全相反的,离体时 NO 的增多及其细胞毒性不一定在活体实验中发生。

“研究结果表明”后的逗号改为冒号,“表明”才能管到句末。

(10)实验结果表明,抽运功率是影响重复率的最大因素,抽运功率的增大可以提高重复率,并减小脉冲宽度;它对腔长的影响效果刚好相反;存在一个可使输出功率最大的最佳输出镜透过率;不同的初始透过率对输出有一定的影响。

“表明”后的逗号改为冒号,“表明”才能管到句末。

(11)西安卫星测控中心传来的数据表明,长征四号乙运载火箭飞行约 1 mim 后,实践六号 02 组 A 星与火箭分离;继续飞行约 1 min 后,实践六号 02 组 B 星与火箭分离。

“表明”后的逗号改为冒号,“表明”才能管到句末。

(12)对立的一种观点认为,首先,各个人种在生物学上很可能不是同等的;其次,一个物种的基因库在一段时间内发生的任何变化都可称为进化。因为包括克隆繁殖的生命在内,一段时间后的随机突变必然会使 DNA 发生变化。

“认为”后的逗号改为冒号,“因为”前的句号改为逗号。

(13)降雨特征均值反映了降雨的一般特征。因而,可以认为 A 型降雨具有强度大、持续时间短和发生频率高的特征;C 型降雨则强度小、持续时间长和发生频率低;而 B 型降雨特征则居于二者之间,即由雨强小于 A 型、持续时间小于 C 型与雨强大于 C 型、持续时间大于 A 型的降雨事件组成。

“因而”前的句号改为逗号,“认为”后边加上冒号,即改为:

降雨特征均值反映了降雨的一般特征,因而,可以认为:A 型降雨具有强度大、持续时间短和发生频率高的特征;C 型降雨则强度小、持续时间长和发生频率低;而 B 型降雨特征则居于二者之间,即由雨强小于 A 型、持续时间小于 C 型与雨强大于 C 型、持续时间大于 A 型的降雨事件组成。

(14)频谱图显示，Ⅰ型声发射信号分布范围为20～400 kHz，峰值频率约为240 kHz；Ⅱ型声发射信号分布范围为20～300 kHz，峰值频率约为100 kHz。

“显示”后的逗号改为冒号，“显示”才能管到句末。

(15)本研究中韦氏c因子评分结果显示，注意缺陷组、混合组在治疗后、6个月及12个月时与治疗前比较均有提高；多动-冲动组在治疗后及6个月时与治疗前比较有提高，但治疗后12个月与治疗前比较差异无统计学意义。

“结果显示”后的逗号改为冒号，“显示”才能管到句末。

(16)X线头影测量研究发现，OSAHS患者腭咽和舌咽的矢状径均比无鼾人群小；患者软腭长度和厚度增加，位置直立，与舌的接触长度增加；同时舌体较大，位置直立，舌骨位置低。

“发现”后的逗号改为冒号，“发现”才能管到句末。

(17)Eskoz等的研究发现，上颌第二磨牙近中颊根Ⅰ型(1-1型)的发生率为59.7%；Ⅰ型(1-1型)的发生率为59.7%；Ⅱ型(2-1型)的发生率为20.9%；Ⅳ型(2-2型)的发生率为16.4%；Ⅴ型(1-2型)的发生率为3.0%。

“发现”后的逗号改为冒号，或者逗号保留，而将分号改为逗号。

(18)分别利用EDS和XRD对座滴合金与W基板间的润湿界面进行了分析，发现Mn元素在界面处产生了富集，富集层厚度为1～2 μm；Cu-Mn/W界面处没有新反应物生成；Mn元素的存在促进了界面处Cu、Mn和W间的相互扩散；Mn富集层的存在改善了二者之间的润湿性，使Cu/W界面结合方式由最初的机械结合转变为冶金结合，有利于提高二者间的界面结合强度。

“发现”后边加冒号，以提示后面的各个分句。

(19)由图4可知，随着硝基苯初始质量浓度的增加，降解率不断升高;当硝基苯的质量浓度达到 53 mg/L,降解率达到最大。

“可知”后的逗号改为冒号,以提示后面的 2 个分句。

(20)这 2 类成像方式各有优缺点,解剖结构成像的空间分辨率高,能够提供人体的解剖形态信息;功能成像空间分辨率较低,但能够提供人体内部器官、大脑等的功能信息。

“优缺点”后的逗号改为冒号,提示后面的 2 个分句。

(21)由上述结果可知,虽然 $F_{2:3}$ 家系中抗性淀粉含量高于其平均值的个数较多,但由于 $F_{2:3}$ 家系抗性淀粉含量的平均值偏低,所以抗性淀粉含量呈倾低亲遗传,超低亲优势比较明显,超高亲优势不显著,这不利于高抗性淀粉含量在后代家系的选择。

“可知”后的逗号改为冒号;此外,还有别的点号使用不当。改为:

由上述结果可知:虽然 $F_{2:3}$ 家系中抗性淀粉含量高于其平均值的个数较多;但由于 $F_{2:3}$ 家系抗性淀粉含量的平均值偏低,所以,抗性淀粉含量呈倾低亲遗传,超低亲优势比较明显,超高亲优势不显著。这不利于高抗性淀粉含量在后代家系的选择。

(22)由式(6)知,在抗体浓度一定的条件下,抗体矢量距离越大选择概率越大;在抗体矢量距离一定的条件下,抗体浓度越大选择概率越小。

“由式(6)知”后的逗号改为冒号。

(23)已有许多文章提出了各种背景建模方法,如 Haritaoglu 等[2]利用最小、最大强度值和最大时间差分值为场景中每个像素进行统计建模;Stauffer 等[3]建立了自适应多高斯模型;Mckenna 等[4]利用像素色彩和梯度信息相结合的办法建立了自适应背景模型。

动词“如”后边加冒号,因后面是 3 个并列的分句。

(24)诸如直接开展某些信息应用服务;尝试在开放的 PC 上面提供统一客户端来掌控用户;尝试建设综合信息服务的基本和关键能力件及其相关平台等等。

“诸如”后边加冒号,“等等”前加分号。

(25)收费方面可以非常灵活,例如,银行高端客户的每次使用费用,可以由银行负担,类似电话800号业务;而银行普通客户如果使用这项服务,则可以自己付费。

“例如”后的逗号改为冒号。

(26)这一轮选手们通过3道关卡1)以一个与航天有关的指定“命题”发表演说;2)英语对话;3)专长表演。

“关卡”后边加冒号,提示后面是分项列举。

(27)立体视频中有2类重要的冗余信息,一是运动矢量,描述了单个通道中连续帧之间时域上的相关性;二是视差矢量,描述了同一时刻同一场景在2个不同通道投影图像之间空间上的相关性。

“冗余信息”后的逗号改为冒号,提示下面是分项列举。

(28)范家屯组主要分布在永吉、舒兰一带,为陆源碎屑、火山碎屑岩沉积。下部以灰黑色、灰绿色粉砂岩为主,夹砂岩、板岩;中部为灰色灰岩、灰绿色凝灰岩和凝灰质砂岩;上部为黄色、灰紫色粗砂岩及凝灰质粗砂岩。

“沉积”后的句号改为冒号,提示下面是分项列举。

(29)式中,g和f分别为变换后和变换前的灰度值;T代表某种映射关系。

“式中”后的逗号改为冒号,提示下面的分项列举。

(30)式中,T_i为试样i在波长为λ时的透过率;m、k分别为在315~400 nm和290~315 nm这2种波长范围内的测定次数。

“式中”后的逗号改为冒号。

(31)式中,z——从冠层顶垂直向下的距离,m;k_e——冠层内的传输系数,m^2/s;……

“式中”后的逗号改为冒号,因其后是分项列举。

(32)在4 096条基因中,CAC与EAC组织显著差异表达的基因共

308 条,其中上调 206 条,下调 102 条;CIM 与 BE 组织显著差异表达的基因共 141 条,其中上调 74 条,下调 67 条。

"在 4 096 条基因中"后的逗号改为冒号。

(33)从表 2 可以看出,在南江黄羊群体中,10 个微卫星位点的等位基因数在 4 ~ 16 之间,平均等位基因数为 8.1 个;有效等位基因数在 3.84 ~ 11.47 之间,平均有效等位基因数为 6.14 个;多态信息含量在 0.4611 ~ 0.7738 之间,平均值为 0.5934;微卫星位点杂合度在 0.7397 ~ 0.9128 之间,平均值为 0.8203。

"在南江黄羊群体中"后的逗号改为冒号。

(34)本组 22 例喉部良性病变患者中,声带息肉 16 例,声带囊肿 2 例,喉乳头状瘤 2 例,声带小结 2 例;男 12 例,女 10 例;年龄 20 ~ 56 岁,中位数 39 岁。

"患者中"后的逗号改为冒号。

(35)在技术和市场的双重驱动下,通信的基本特征发生了根本性变化,通信业务逐渐从宽带话音业务转变为宽带多媒体业务;通信范围逐渐从以往的电信领域拓展到更宽泛的信息通信领域;通信对象逐渐从人与人发展到人与物甚至物与物之间;研发主体逐渐由以电信运营商为主导转变为社会各方共同参与。

"根本性变化"后的逗号改为冒号,提示下面的各种变化。

(36)泥盆系底部区域不整合面代表广西运动产物,四川盆地内部仍处于隆升期,但周缘形成新的伸展裂陷带,西北缘龙门山海槽由碎屑岩、生物灰岩及白云岩组成完整旋回;东北缘鄂西—城口海槽向川东上超,以石英砂岩及泥岩为主,东南缘湘西泥盆系石英砂岩构成张家界峰林地形。

"伸展裂陷带"后的逗号改为冒号,"东南"前的逗号改为分号。

(37)现代制造技术的发展呈现 2 大趋势,一是现代制造系统的自动化技术;另一个就是寻求固有制造技术的自身微细加工极限。

逗号改为冒号，或者逗号保留，而将分号改为逗号。

(38)根据研究内容，智能故障诊断方法可分为基于数学模型的方法和基于人工智能的方法2大类，前者有基于状态估计方法、基于过程参数估计方法等；后者有基于专家系统方法、基于案例方法等。

并列关系不对。“2大类”后的逗号改为冒号，或者“2大类”后的逗号保留，将“后者”前的分号改为逗号。

(39)上述递推算法(16)和(22)的优点在于，一方面它无需矩阵求逆，能普遍适用；另一方面，它具有高精度(与通解精细积分精度相同)和高效率。

改为：

上述递推算法(16)和(22)的优点在于：一方面它无须对矩阵求逆，能普遍适用；另一方面，它具有高精度(与通解精细积分精度相同)和高效率。

或改为：

上述递推算法(16)和(22)的优点在于，一方面它无须对矩阵求逆，能普遍适用，另一方面，它具有高精度(与通解精细积分精度相同)和高效率。

(40)结果表明，大气闪烁是影响二维无线光CDMA系统误码率性能的一个重要因素；当大气闪烁的对数方差较小时，该系统可实现高速率通信；当大气闪烁的对数方差较大时，在有限的光功率条件下，该系统难以实现通信，需要采用信道编码技术来提高系统的误码率性能。

2个分号隔开的3个片段不是并列关系，只有后2个片段才是并列关系；所以，“重要因素”后的分号改为冒号。

(41)北京地铁四号线宣武门站位于交叉路口下，与既有二号线宣武门站成“十”字交叉；二号线在上，四号线在下。

分号改为冒号，以提示下文，或者分号改为逗号；此外，“四号线”“二号线”改为“4号线”“2号线”。

(42) ADAMS 中支持 3 种摩擦状态,动摩擦(Dynamic friction),动静过渡摩擦(Transition between dynamic and static friction),静摩擦(Static friction)。

改为:

ADAMS 中支持 3 种摩擦状态:动摩擦(dynamic friction),动静过渡摩擦(transition between dynamic and static friction),静摩擦(static friction)。

(43) 如果硬金属在硬金属表面滑移,尽管硬金属间相互接触面积不会增加,但是因硬金属的屈服强度大,摩擦力也会增加;此外,由于摩擦发热,使得摩擦表面温度升高,发生咬合现象,这 2 种情况下的摩擦因数都比较大。

"这 2 种情况"前的逗号改为冒号,表示总括上文。

(44) 出于消费者本能的拒食心理,苦味被认为是不良口感,所以,在橙汁或葡萄柚汁加工中常将脱苦或添加苦味抑制剂等作为重要的技术环节;另一方面,又因其具有抗癌、抗病毒等生理活性而备受关注。因此,果实中苦味品质的形成研究是柑橘加工和鲜食品质研究的重要内容。

"因此"前的句号改为冒号,表示总括上文。

(45) 它在低温或室温条件下进行,很容易制备大面积的试样,设备简单,不需要高真空,成本低廉;可简单地通过调节电化学参数控制沉积膜的成分、结构、厚度、形貌及均匀性,因此在制备高性能的纳米复合热电材料方面很有优势。

"因此"前的逗号改为冒号,表示总括上文。

(46) IETF 定义了 IMS 框架下的 SIP、SDP 等;OMA 定义了 IMS 框架下的系列业务,如即时消息、一键通等,因此,我们相信,虽然并非一定要基于 IMS 实现 FMC,但目前看来,通过 IMS 达到固网和移动网络的融合可能是最佳方案,能够实现真正的从业务、设备到网络的完全融合。

"因此"前的逗号改为冒号,表示总括上文。

(47)穗长与糙米率和碱消值都呈极显著负相关,当穗长在 17.0 cm 左右时加工品质较优;二次枝梗数和着粒密度与胶稠度都呈极显著负相关,这与耿立清等研究的结论相同。所以在农艺性状上应该注重对穗长、二次枝梗数和着粒密度的把握,适当减小其值对改善品质有一定程度促进作用。

"所以"前的句号改为冒号,表示总括上文;"所以"后边加上逗号。

(48)在鄂尔多斯盆地南缘出现秦岭洋向北俯冲,相应出现火山弧及弧后盆地;同样在鄂尔多斯北缘蒙古洋向南俯冲,发育白乃庙岛弧及弧后盆地。因此鄂尔多斯盆地在南北相向俯冲情况下强烈隆升,发育古风化壳储集层,后期形成中央隆起上靖气田。

"因此"前的句号改为冒号,"因此"后加逗号。

(49)[题名] 冰雪消融,江西规范养猪蓬勃发展

题名中尽可能不用逗号。这里逗号改为冒号。

(50)[题名] 大麦杂种优势利用研究 Ⅲ.大麦异棱型和同棱型 F1 杂种的杂种优势特征

系列论文若编号发表,建议主副题名之间用冒号。其形式为:

大麦杂种优势利用研究:Ⅲ.大麦异棱型和同棱型 F1 杂种的杂种优势特征

(51)7:00 ~9::00

时刻"时""分""秒"之间用冒号(不是比号)相隔,并且不足"10"的应添"0"占位。即改为:

07:00—09:00

不该用而用了冒号

(1)计成在《园冶》中指出:"时宜得致,古式何裁",这是发展传统的观点。

这里，冒号的管辖范围是句末，但“这是发展传统的观点”并不是计成的意思；所以，冒号应改为逗号。

(2)目前可靠性中常用的概率分布有：二项分布、指数分布、正态分布、对数正态分布、极值分布和威布尔分布等。

冒号处无须停顿，冒号删去。

(3)基因枪的主要技术指标包括：基因微弹的最大速度、基因微弹的射入深度范围、基因微弹的直径范围、靶目标的有效面积等。

冒号处无须停顿，冒号删去。

(4)6个相互交换信息的设备分别为：发动机控制器、车轮角度传感器、自动变速器、防抱死制动系统、设备Y和车身网络网关。

冒号处无须停顿，冒号删去。

(5)蛋白酶用量分别为：2%，3%，4%，5%。

冒号处无须停顿，冒号删去。

(6)可以说，IT行业里的任何一个厂商，都要面对：“细分了，你存在；不细分，就灭亡”的挑战。

冒号处无须停顿，冒号应删去。

(7)近年来开展了大量的研究，并取得很多成果，如：文献[1]对2个热源进行了识别，文献[2]对多孔介质的热源项进行了识别，文献[3]采用联合反演算法和SCGM法对边界形状进行了反演识别等。

冒号处无须停顿，冒号删去；如果冒号保留，那么可改为：

近年来开展了大量的研究，并取得很多成果，如：文献[1]对2个热源进行了识别；文献[2]对多孔介质的热源项进行了识别；文献[3]采用联合反演算法和SCGM法对边界形状进行了反演识别等。

(8)盾构施工过程中，盾构始发和到达时需要凿除洞门，这时会由于切除始发井围护结构而使开挖面处于暴露状态且会保持一定时间，如果不对自稳性较差的地层进行加固，就会发生塌方事故，进而严重影响盾构施工的安全：因此，在盾构始发和到达的端头，必须根据具体地质情况选取合理的加固范围和采取确实可行的加固措施，以确保盾构始发和到达施工的安全。

“因此”及其后而的话语不是前边内容的总括，冒号改为分号；“如果”前的逗号改为句号。

(9)其中：$\varphi_j(x)$为Curvelet“母”函数。

冒号后边只有单项，冒号无必要，删去。

(10)式中：k、c_0为常数，由喷孔出口速度值决定，通过流场模拟及数据拟合求得。

“式中”后的冒号删去，因后面只有单项。

(11)……然后利用下式：

$$v = Z(i)/\rho$$

计算即可得到速度v的数值。

“利用下式”与其后的式子及“计算即可得到速度v的数值”整体是一个句子，其间无须停顿，冒号删去。

(12)根据对榆次地裂缝的综合研究，选用BP网络模型，包括三层：即输入层、隐含层和输出层。

冒号改为逗号。或改为：

根据对榆次地裂缝的综合研究，选用BP网络模型，包括3层，即：输入层、隐含层和输出层。

11.5 句号误用

国标规定：“陈述句末尾的停顿，用句号”，“语气舒缓的祈使句末尾，也用句号”。

按此规定，句号只用于这样2种场合：

1)陈述句完了；

2)语气舒缓的祈使句完了。

科技论文中句号误用的情况很常见，主要原因是分不清到哪里是一个句子。

句号误用有 2 种类型:一种是不该用而用了句号;一种是该用而未用句号。

当然,句号的使用也有一定的灵活性,即:在有些情况下,某处是该用句号,还是该用逗号或分号,是两可的;有时,某处用句号、分号、逗号都可以,但应根据具体情况,看使用哪一种更好。

简单复句断了句

只包含 2 个单句的复句,叫做简单复句。

国标说:简单复句中,前后分句之间的停顿,用逗号,并列关系的简单复句中,也可以用分号。

科技论文中违背这一规定的例子很多。例如:

(1)由于强度和脆性的问题,要求牙体预备时预留足够的瓷层厚度以保证最终修复体的强度。因此,全瓷冠的牙体预备量在所有冠修复中也是最大的。

"因此"前的句号改为逗号。

(2)南京地铁建设的顺利推进得益于地铁公司对工程建设有科学的预测,对工程规律的把握,以及相应的预见性和相关预案的准备。所以才能够对风险进行防范和控制。

"所以"前的句号改为逗号。

(3)巨额资产被"锁定"在家电业务上,是我们思考小天鹅未来战略选择的基础事实。因此,易主之后的重组方案中能否妥善处理家电主业,是缠绕小天鹅前程的又一个大结。

"因此"前的句号改为逗号。

(4)作为半导体,碲有独到而广泛的用途,如光电导性、百线性光响应、热电性等。因此,近年来三方碲和相关的一维纳米晶体材料得到了越来越多的关注。

"因此"前的句号改为逗号。

(5)齿槽定位力矩是转子永磁体与定子齿槽相互作用而产生的。因此,转子永磁体的尺寸大小对定位力矩有一定影响。

"因此"前的句号改为逗号。

(6)随着这类武器的不断发展,自动化程度的不断提高,人们所面临的威胁越来越严重。于是,利用光学材料的非线性光学限幅效应的激光防护研究由此而生。

"于是"前的句号改为逗号。

(7)自从1961年开始发射金星探测器以来的40多年中,人类得到的有关金星的知识,已经远远超过了人类有史以来从地面观测而获得的对金星的了解。但是,对金星的了解依然是粗浅的。

"但是"前的句号改为逗号。

(8)与注射了来自较少转移倾向细胞的mtDNA的小鼠相比较,那些体内携带了高转移倾向细胞的mtDNA的小鼠则发生了更多的肺肿瘤病例。然而,mtDNA似乎与最初肿瘤的形成没有关系。

"然而"前的句号改为逗号。

(9)其原因可能在于过低的pH值导致酶活性降低。但是经弱酸处理后,MMP的活性却显著升高。

"但是"前的句号改为逗号。

(10)加入WTO后,中国制造业的国际竞争力已为全球瞩目。但是在中国制造业迅猛发展的道路上,却潜伏着一个巨大的陷阱。

"但是"前的句号改为逗号。

(11)库拉索芦荟凝胶中芦荟多糖的含量虽然不到1%。但是芦荟凝胶中的糖蛋白和黄酮化合物都具有免疫功能。

"但是"前的句号改为逗号,"但是"后最好加逗号。

(12)豆粕价格波动的本质是价格竞争。而价格竞争是一把双刃剑。

"而"前的句号改为逗号。

(13)前一种的出发点是通过减少石板材成品的厚度来提高石材的利用率。而后一种则是通过减少锯缝宽度来减少石材的浪费。

“而”前的句号改为逗号。

(14)一方面由于视觉系统高度的并行性,各可视的样本点所引发的视觉刺激在系统中被处理的时序是随机的。而另一方面,样本点的类别信息应是相对稳定的“客观”知识。

“而”前的句号改为逗号。

多重复句断了句

包含不止 2 个单句但又不超过 4 个单句的复句,叫做多重复句。

国标说:多重复句尤其是转折关系和因果关系的多重复句中,第 1 层次上的停顿,可以用分号,而不用句号。

科技论文中违背这一规定的例子也很多。

(1)近年来,人们对藻类的叶绿体转化进行了广泛的研究。但是,由于难以获得足量的完整叶绿素体进而得到高纯度的叶绿体 DNA,因此,此项研究进展缓慢。

“但是”前的句号改为分号。

(2)这些统计型相似性测度利用图像的灰度特征,有利于实现自动图像配准。但是,由于每一种相似性测度对图像的模态、分辨率、噪声以及几何形变等问题的敏感度不一样,因此很难在配准算法中确定采用何种相似性测度是最合适的。

“但是”前的句号改为分号,“因此”后边加逗号。

(3)以上文献大致反映了 BDFM 的发展情况,也为本文的研究提供了理论基础。然而,笼型转子结构的优化设计及其对 BDFM 磁场调制作用的影响尚需进行深入研究和对比分析。

“然而”前的句号改为分号。

(4)如果 Tesla 公司的总裁艾伦·马斯克不曾取得诸多成就,你完全有理由指责他野心太大。但他成功过,因此你不能这么武断。

“但”前的句号改为分号。

(5)由于免疫行为可以很好地保持种群的多样性，有效地改善算法的寻优效果，因此国内外的学者开始致力于这方面工作的研究。但是，目前提出的基于免疫学理论的算法都是在解决具体问题中提出的，还没有像遗传算法那样应用广泛的一般模式。

“但是”前不能断句；此外，还有语病。改为：

由于免疫行为可以很好地保持种群的多样性，有效地改善算法的寻优效果，因此，国内外学者开始致力于这方面的研究；但是，目前的基于免疫学理论的算法都是在解决具体问题中提出的，还没有像遗传算法那样应用广泛的一般模式。

(6)由式(3)可知，如果结构损伤，则有限元模型中被损伤影响的自由度将导致 F_i 向量中相应的元素不为0。因此，被损伤影响的结构自由度可以通过观察 F_i 中相对应元素在向量中的位置而得到。

“因此”前的句号改为分号。

(7)系统中的规则不是以简单罗列的形式进行组织的，而是具有一定的层次结构。因此，在使用这些规则进行推理时，层次清晰，并易于规则的修改与增加。

“因此”前的句号改为分号。

(8)在此过程中由于设计者的考虑角度、评价标准和领域知识不尽相同，必然导致协同设计过程中冲突的产生。因此，在产品开发过程中，冲突是不可避免的，从某种意义上来说，协同设计的过程就是一个冲突产生和消解的过程。

“因此”前的句号改为分号。

(9)近年来，针对桥梁结构进行损伤识别和健康监测的研究和报道相对较多，但针对网壳结构的相关文献却很少，仅局限于单榀网格结构甚至是桁架结构的研究。因此，建立这一类空间网络结构的损伤识别算法从而快速、准确地判断结构损伤的存在、识别位置及程度以保证结构安全将具有重大工程意义及社会效益。

多处点号使用不当。改为：

近年来，针对桥梁结构进行损伤识别和健康监测的研究和报道相对较多，但针对网壳结构的相关文献却很少，仅局限于单榀网格结构甚至是桁架结构的研究；因此，建立这一类空间网络结构的损伤识别算法，从而快速、准确地判断结构损伤的存在、识别位置及程度以保证结构安全，将具有重大工程意义及社会效益。

(10)机床产品协同设计是由异地不同领域设计小组共同参与完成的，必须克服地域的限制，实现信息的交互、知识处理、种类数据格式转换和结果交互等等。所以要将机床产品设计工作按照功能将其分解为一系列子任务，针对每一个子任务各个信息都会存入相应的数据库中(如：任务属性库，集合关系约束库，成本数据库等)，通过这一系列的数据库将每个任务联系起来。

多处点号使用不当；此外，还有语病。改为：

机床产品协同设计是由异地不同领域设计小组共同参与完成的，必须克服地域的限制，实现信息的交互、知识处理、种类数据格式转换和结果交互，等等：所以，要将机床产品设计工作按照功能分解为一系列子任务，针对每一项子任务各个信息都会存入相应的数据库(如任务属性库、集合关系约束库、成本数据库等)，通过这一系列的数据库将每项任务联系起来。

(11)实验说明：未改性羊毛纤维与整理剂之间的界面结合弱，而改性羊毛纤维与整理剂之间的界面结合强度大。因此，为了保证羊毛织物功能后整理的功能长久性，采用经过氯化、氧化改性处理的羊毛最好。

冒号改为逗号，“因此”前的句号改为分号。

该用而未用句号

科技论文中，该用而未用句号的情况亦多见。例如：

(1)其肉质细嫩、味道鲜美、营养丰富,深受消费者青睐,是餐桌上的珍品,随着近年来太湖、昆承湖等湖泊自然生态环境的改变和人为滥捕,导致水域中似刺鳊鮈群体数量急剧减少,因此,此资源的保护和增殖是目前亟待解决的问题。

"珍品"后的逗号改为句号。"随着"删去。

(2)文献[4]对共振引起的振荡和弱阻尼引起的振荡这2种情况所表现的特性进行了对比和仿真。文献[5]中介绍了静止无功补偿和可控串联补偿对提高电力系统稳定性的作用,上述研究均只限于传统发电机系统。

"上述研究"前的逗号改为句号,"文献[5]中"改为"文献[5]"。

(3)在给定的设计约束条件下,设计目标为:获得最大的升阻比,同时降低不稳定的水动力力矩,提高滑翔运动的质量,机翼几何模型的参数化定义如图1所示。

该用句号而未用,该用分号而未用,造成句子中各部分关系不明。改为:

在给定的设计约束条件下,设计目标为:获得最大的升阻比;降低不稳定的水动力力矩;提高滑翔运动的质量。机翼几何模型的参数化定义如图1所示。

(4)网络融合是实现FMC的技术基础,要求建设一张从接入到核心的全IP多业务FMC承载网,来统一承载话音、数据、视频以及信令流,这样一张IP承载网需要实现电信级高可靠性、高品质和差异化的QoS保证、高度的安全性、良好的可扩展性和易维护性、以及对原有的TDM和ATM网络的平滑兼容性。

"这样一张"前的逗号改为句号,"以及"前的顿号改为逗号。

(5)事实上,家居监控是家庭网络很重要的组成部分,而家电远程控制与监测等业务也可以与视频监控业务相融合,可以为家电设定各类告警触发点,当家电发生指定事件时,将产生告警信号,传送给视频监控系统，系统及时将告警信息发送给用户，并在用户终端实时显示监控画面。

“告警触发点”后的逗号改为句号。

(6) 隧道进口标高 890 m，出口标高 1 025 m，隧道内有 2 个变坡点，进口 2 500 m，坡度为 +0.3%；中间 11 900 m，坡度为 +1.1%；出口 3 500 m，坡度为 -0.3%。

“隧道内”前的逗号改为句号，“2 个变坡点”后的逗号改为冒号。

(7) 以几种典型钻井液体系为研究对象，分别选用成熟可靠的检测方法对其生物毒性、化学毒性和重金属含量进行分析，结果表明：部分钻井废液具有一定生物和化学毒性，其中，磺化体系钻井液在生物毒性和化学毒性方面均超标，应重点加强管理；低密度无固相体系和磺化体系钻井液中 Hg 和 Cr 元素存在不同程度的超标。

“结果表明”前的逗号改为句号。

(8) 表面组装生产线一般由丝印机、贴片机、回流焊炉、波峰焊炉等主要设备构成，从装配过程来看，丝印机、回流焊炉和波峰焊炉采用的是并行加工方式，较短时间内即可完成印刷焊膏和焊接的任务。而大多数贴片机都是采取逐个器件贴装的串行工作方式，速度相对较慢，因此，贴片过程成为制约装配速度的瓶颈，而贴片机也就成为提高生产效率的关键设备。

“构成”后的逗号改为句号，“而大多数”前的句号改逗号，“因此”前的逗号改为分号。

(9) 比如我们可以借鉴欧洲对消费者的定义——除为自己的职业、营业或者专业以外目的而实施消费行为的自然人，按照这个定义，无论是买有炫耀性消费嫌疑的法拉利 F430 还是买代步工具吉利熊猫，只要你不拿它们当“黑的士”用来营业，你都应该是“消费者”。

“按照这个定义”前的逗号改为句号。

(10) 然而，制约生物柴油产业发展的主要问题是成本高，据统计，生物柴油制备成本的75%是原料成本,采用废弃动植物油脂抽取生物柴油,不仅可以降低生物柴油的生产成本,而且可以解决餐饮废油给环境带来的危害,此方面的研究具有深远的意义。

除了点号使用不当,还有语病。改为:

然而,制约生物柴油产业发展的主要问题是成本高,据统计,生物柴油制备成本的75%是原料成本。采用废弃动植物油脂抽取生物柴油,不仅可以降低生物柴油的生产成本,而且可以消除餐饮废油给环境造成的危害。此方面的研究具有深远的意义。

(11)国家从总体上要求农业优化结构突出质量效益,向多样化、高品质的方向发展,今后中国农业将向效益农业发展,发展有机农业和有机食品,符合国家基本要求。

点号使用不当,还有语病。改为:

国家从总体上要求农业优化结构,突出质量效益,向多样化、高品质的方向发展。今后中国农业将向效益农业发展,发展有机农业和有机食品,从而满足国家基本要求。

(12)目前节能技改的主要手段之一是将阀门开度调节改为变频器驱动,以及采用有多种控制方案的计算机控制[5-8],从实践看,它们是对各耗能单元的局部最优控制来实现的,然而,空调过程是一个"整体"的过程,局部耗能单元的优化不能代表整个系统节能最优化,文[9-11]虽然从系统最优角度出发讨论了空调系统全局寻优节能控制的原理,但仅是原理性的探讨,没有具体实现的方案,更没有建立系统能耗计算机模型、各单元耦合、机组实际运行约束的基础上建立全局最优控制模型及分析系统的全局收敛性。

多处点号使用不当,还有语病。改为:

目前节能技改的主要手段之一是将阀门开度调节改为变频器驱动,以及采用有多种控制方案的计算机控制[5-8]。从实践看,它们是通过对各耗能单元的局部最优控制来实现的,然而,空调过程是一个"整体”的过程,局部耗能单元的优化不能代表整个系统节能最优化。文[9-11]虽然从系统最优角度出发讨论了空调系统全局寻优节能控制的原理,但仅是原理性的探讨,没有具体实现的方案,更没有在建立系统能耗计算机模型、各单元耦合、机组实际运行约束的基础上建立全局最优控制模型及分析系统的全局收敛性。

(13)党中央、国务院高度重视畜牧饲料业工作,不断强调畜牧饲料业发展的重要性,连续出台了稳定畜牧饲料业的政策和调控方案,为促进畜牧饲料业健康发展,创造了良好的条件。但我们也要清醒地认识到,当前国际经济危机持续蔓延,甲型 H1N1 流感疫情暴发,畜牧业和饲料工业面对的不确定、不稳定因素明显增多,畜牧业和饲料工业的内外部环境正发生深刻的变化,行业发展任务十分艰巨,希望大家变压力为动力,科学应对,理性经营,在这次展览会上抓住机遇,展示成果,相互学习,取长补短,积极开展交流合作,促进我国畜牧业和饲料工业又好又快发展。

“但”前的句号改为分号,“希望”前的逗号改为句号。此外,“在这次展览会上抓住机遇”改为“抓住这次展览会的机会”。

句号多用

科技论文中,句号多用的毛病亦多见。例如:

(1)电压 U_p 从零下降到 $-U_{\text{in}}/2$,这样迫使负载电流流过 D_{R_2}。而 D_{R_1} 关断。如果变压器 TR 和耦合电感 L_C 的漏感是零。这种变换将是瞬间完成的。但是,由于变压器初级和次级两侧不可避免的(地)存在各种各样的寄生电感,所以当初级绕组的电压改变符号时,负载电流的换向不是瞬间完成的。

“而 D_{R_1} 关断”和“这种变换”前的句号改为逗号,“但是”前的句号改为分号。

(2)在这些分析和计算中,普遍采用的土壤模型均为水平均匀多层土壤结构,而没有分析土壤结构给计算带来的影响。因而从分析结果中不能得到土壤结构配置情况对流入变压器中性点电流的影响。但是,土壤结构实际上是不均匀的,宏观上存在水平分层和垂直分块的情况,如山区、近海水或湖泊区域,其土壤结构就表现出很强的复合分层和垂直分块的特点。

"因而"前的句号改为逗号,"但是"前的句号改为分号。

(3)国外已建成多座不同规模的生产装置。但据报道,北美建成的数个转炉直接还原铁厂都在闲置。日本建设的几座转底炉直接还原装置也是作为专门处理钢铁厂内粉尘来使用的。

"但据报道"前的句号改为分号,"日本"前的句号改为逗号。

(4)实验测得电压纹波在 20 mV 左右,见图 9。可见输出效果较好。根据实验测得相关数据可以做出效率曲线图,见图 10。可见满载时达到 90.2%。

2 处"可见"前的句号改为逗号。

(5)结果表明,剔除影响因子后,小麦抗性淀粉含量与总淀粉含量和直链淀粉含量间的偏相关系数都为 0.17,呈正相关。抗性淀粉含量与膨胀势间的偏相关系数为 -0.11,呈负相关。

"呈正相关"后的句号改为逗号。

(6)这次在广西南宁和周边地区对当地品种西林水牛和引进品种摩拉水牛的瘤胃纤毛虫进行了种类鉴定,并对特殊的种类进行了比较研究。同时对不同品种水牛瘤胃液挥发性脂肪酸浓度与组成进行了分析测定和比较研究。并根据实验结果对目前的水牛营养与饲养管理状况进行了评价。

"并根据实验结果"前的句号改为逗号;此外,"广西南宁和周边地区"改为"南宁及其周边地区"。

(7)目前,我国已进入了工业反哺农业、城市带动农村发展的新阶段,农业正处于由传统农业向现代农业转变的关键时期,理论与实践都表明,如果现代农业建设的不好,不但制约农业和农村经济的健康发展，而且势必延缓我国城镇一体化的发展。因而，只有加快现代农业的建设，才能确保新农村建设的物质基础。

点号使用有误，还有语病。改为：

目前，我国已进入工业反哺农业、城市带动农村发展的新阶段，农业正处于由传统农业向现代农业转变的关键时期。理论与实践都表明，如果现代农业建设得不好，不但制约农业和农村经济的健康发展，而且势必延缓我国城镇一体化的发展；因而，只有加快现代农业的建设，才能确保新农村建设的物质基础。

(8)菊科植物滇桂艾纳香为壮族民间草药，在广西尤其是在百色地区有较长的使用历史。主要产于云南东南部和广西西南部。具有活血、止血、利水作用。

"使用历史"和"广西西南部"后的句号改为逗号。

(9)近年来，有机物的发酵制氢技术得到了众多研究者的青睐。然而，即使通过人工强化技术也难以突破30%的COD能量转化率。因此，发酵产氢结束后，原料中的有机质大多仍然残留在发酵产氢余物中。

"然而"前的句号改为逗号，"因此"前的句号改为分号。

(10)虽然基于连续体介质理论的有限单元法、边界单元法和有限差分法模拟中，也可以不考虑连续面的存在，如在有限单元法中，岩体中节理由节理单元模拟。在有限元和边界元藕合分析中，节理被处理为边界面单元。在有限差分法中，不连续面被看作为滑移面。然而，这些基于连续介质体介质理论的方法只适合于不连续面的数量不多且位移较小的情况，不适用于不连续岩体的大变形问题。

多处点号使用不当，还有别字。宜改为：

虽然基于连续体介质理论的有限单元法、边界单元法和有限差分法模拟中，也可以不考虑连续面的存在(例如：在有限单元法中，岩体中节理由节理单元模拟；在有限元和边界元耦合分析中，节理被处理为边界面单元;在有限差分法中,不连续面被看作滑移面);然而,这些基于连续介质体介质理论的方法只适合于不连续面的数量不多且位移较小的情况,不适用于不连续岩体的大变形问题。

(11)没有一种物探方法可以解决所有问题,各种方法的资料都有多解性。因此,几种物探方法综合应用是必要的。综合物探也是地面复杂情况下物探应用的一个原则。但方法的选择应当少而精,方法的选择要互补,主要注意各方法使用的参数互补。

"因此"前的句号改为逗号,"但"前的句号改为分号。

(12)半个多世纪以来,抗生素添加剂的使用为满足人类对动物性食品持续增长的需求起了很大的作用。但是,人们逐渐发现,饲料中的抗生素会在动物体内蓄积,停药一定时间后,蓄积会减少,如不按规定用药、停药,药物残留在畜、禽制品中,就会对人类造成危害。因此,许多国家严格管理药物饲料添加剂的使用、禁用或限用,并且积极寻求高效、安全型的饲用抗生素,寻求饲用抗生素的替代品。

"但是"前的句号改为逗号,"因此"前的句号改为分号。

(13)小浪底水库自1999年蓄水,自2002年以来被作为骨干工程实施全河调水调沙。6年的调水调沙取得了很大效益。但是由于黄河泥沙问题异常复杂,堆积性及河床与水位不断抬高给人以难以应对的印象太深,加之它是一件新生事物,因此有一些不同的看法,即使在水利工作者内部,也略有微词。

"调水调沙"后的句号改为逗号,"但是"前的句号改为分号。

11.6 问号误用

国标规定,疑问句和反问句末尾用问号。

科技论文中常见问号误用的情况是,不是疑问句和反问句的末尾用了问号。例如:

(1)当2个互相独立的过程分别被揭示以后,科学家自然要考虑它们是如何关联的?

这是一般陈述句。问号改为句号。

(2)这道题目给予了学生广阔的思维空间,可以看出对于溶液问题学生究竟在关注什么?究竟关注到什么程度?

前一个问号改为逗号,后一个问号改为句号。

(3)记者:请您谈一谈集团的发展历程?

问号改为句号。

11.7　叹号误用

国标规定,感叹句、语气强烈的祈使句、语气强烈的反问句的末尾用叹号。

科技论文中叹号用得不多,但错用的情况也有一些。例如:

(1)金秋 10 月,2007 上海汽车文化节绚丽举行!

叹号无必要,改为句号。此外,“金秋十月”中的“十月”,并不特指 10 月份;所以,“金秋 10 月”改为“金秋十月”。

(2)……并成立了××农业大学动物医学院兽医药理博士硕士工作站!

叹号改为句号。

(3)农业部畜牧处、中国畜牧业协会以及南昌市主管部门领导与 PIC 亚洲区经理均前来参加开业典礼!

叹号改为句号。

第 12 章　点号的降格使用问题

按表示停顿时间(t)的长短,可以把点号作如下排队:

t(句号,问号,叹号)>t(分号,冒号)>t(逗号)>t(顿号)。

这就是它们的“格”。句号表示的停顿时间最长,顿号表示的停顿时间最短,即句号的格最高,分号次之,逗号格低,顿号的格最低。

本来,使用这些点号,应当同语音停顿相一致;但是为了相互配合,分清层次,取得更好的修辞效果,需要时也可以把某些点号降格来使用,即句号可以降格作为冒号或分号使用,分号可以降格作为逗号使用,逗号可以降格作为顿号使用。例如:

(1)基于 KDD 的智能型式优化问题的求解过程主要包括:数据准备(包括从信息源收集与准备数据源、数据选取、数据精化与预处理、数据转换等)、数据挖掘(包括确定主题、挖掘模式选择与挖掘等)、结果解释与评价获取有用知识、利用获取知识获得可行方案、方案评价与优选等过程(见图 1)。

第 1 层次上的顿号改为逗号,即:

基于 KDD 的智能型式优化问题的求解过程主要包括:数据准备(包括从信息源收集与准备数据源、数据选取、数据精化与预处理、数据转换等),数据挖掘(包括确定主题、挖掘模式选择与挖掘等),结果解释与评价获取有用知识,利用获取知识获得可行方案,方案评价与优选等过程(见图 1)。

(2)近年来,CBR 的研究在亚洲得到重视,如印度的 Venkatamaran、日本的 Okamoto、中国的史忠植、李楚舒、刘大有等开展了该方面的研究。

并列关系分了层次,不能只用顿号。改为:

近年来,CBR的研究在亚洲得到重视,如印度的Venkatamaran,日本的Okamoto,中国的史忠植、李楚舒、刘大有等开展了该方面的研究。

(3)现在医院拥有一支年龄结构、知识结构合理、临床基础兼顾、学术水平高、在国内外有较高知名度和影响力的学术队伍。

不同并列层次关系之间不能都用顿号。改为:

现在医院拥有一支年龄结构、知识结构合理,临床基础兼顾,学术水平高,在国内外有较高知名度和影响力的学术队伍。

(4)……有200多名青年科技专家长期深入农村,送科技入户:有西瓜专家许勇、白菜专家张凤兰、无土栽培专家李远新、果树专家王玉栋、姜全、兽医专家张培均、刘月焕、玉米专家赵久然、杂交小麦专家赵昌平、农业信息技术专家赵春江、生物技术专家马容才等等,帮助农民解决生产中的难题。

并列项分了2个层次,因此改为:

……有200多名青年科技专家长期深入农村,送科技入户:有西瓜专家许勇,白菜专家张凤兰,无土栽培专家李远新,果树专家王玉栋、姜全,兽医专家张培均、刘月焕,玉米专家赵久然,杂交小麦专家赵昌平,农业信息技术专家赵春江,生物技术专家马容才,等等,帮助农民解决生产中的难题。

(5)这次会上,我们特别邀请到了中国企业联合会前会长袁宝华同志、现任会长陈锦华同志、副会长艾丰同志;中国女企业家协会会长赵地同志;全国工商联副主席孙晓华同志、全国工商联前任副主席王治国同志;中国科协原副主席高潮同志……

点号使用不当,还有语病。改为:

这次会上,我们特别邀请到中国企业联合会前会长袁宝华同志,现任会长陈锦华同志、副会长艾丰同志,中国女企业家协会会长赵地同志,全国工商联副主席孙晓华同志、前任副主席王治国同志,中国科协原副主席高潮同志……

(6)1为焦炭高度曲线、2为矿石高度曲线、3、4、5为径向矿焦比曲线。

都用顿号,显得层次不清晰。改为:

1为焦炭高度曲线,2为矿石高度曲线,3、4、5为径向矿焦比曲线。

(7)奔奔MINI的表现也不错,四门电动窗、同时遥控中控门锁、一体式CD机、前门高音、后门低音扬声器、ABA+EBD、EPS等配备都能在配置表中寻得。

未分清层次,还有语病。改为:

奔奔MINI的表现也不错,四门电动窗,遥控中控门锁,一体式CD机,前门高音、后门低音扬声器,ABA+EBD,EPS等配备都能在配置表中寻得。

(8)随机抽取市售稳压二极管2CW911、整流二极管1N5400、1N5401、1N5402、1N5404、1N5406、1N5408、变容二极管WV2109和M207-3各一件,共9件二极管样品。

都用顿号,造成层次不清晰。改为:

随机抽取市售稳压二极管2CW911,整流二极管1N5400、1N5401、1N5402、1N5404、1N5406、1N5408,变容二极管WV2109和M207-3各1件,共9件二极管样品。

(9)观赏草根据其生长习性可以分为2种不同类型:1)丛生型:……。2)走茎型:……。

在同一语言片段中,应尽量避免冒号套冒号,所以,“不同类型”后的冒号改为句号。此句号形式上是句号,实际上起的是冒号的作用,即句号降格作为冒号使用。

(10)计算过程如下:

将(8)式改写为如下形式:

$$d_s = \cdots\cdots$$

为避免冒号套冒号,改为:

计算过程如下。

将式(8)改写为如下形式：

$$d_s = \cdots\cdots。$$

“计算过程如下”后的句号，降格作为冒号使用。

第 13 章　标号误用

标号主要用来标明词语的性质和作用。常用的标号有 9 种，即引号、括号、破折号、省略号、着重号、连接号、间隔号、书名号和专名号。科技论文中常用的有连接号、破折号、书名号和引号等。

13.1　连接号误用

科技论文中常用的连接号有 4 种形式，其适用场合分别如下。

1）“—”（一字线连接号，占 1 个汉字的位置）：

①表示公历世纪、年代、年份、日期和时刻的起止；

②连接地名或方位名词，表示起止、相关或走向；

③连接几个相关的项目，表示递进式发展或工艺流程；

④在图注中代替破折号；

⑤在表格的表身中表示“未发现”。

2）“-”（半字线连接号，占 1/2 个汉字的位置）：

①连接相关的词语，构成复合词；

②连接相关的字母、阿拉伯数字之类，组成产品型号及各种代号；

③用全数字式日期表示法时，间隔年、月、日；

④在参考文献著录中，表示文献序号和页码的起止（它是著录符号，不是汉语标点符号中的标号）。

3）“～”（数值范围号，又叫浪纹线）：表示计量和计数数值的范围。

不注意这几种连接号用法的区别，就会出错。例如：

（1）到了 14～16 世纪

公历世纪的起止应当用一字线连接号，而不用数值范围号。改为：

到了 14—16 世纪

(2)20 世纪 20 ~40 年代

公历年代的起止应当用一字线连接号,而不用数值范围号。改为:

20 世纪 20—40 年代

(3)2003 ~2005 年

公历年份的起止应当用一字线连接号,而不用数值范围号。改为:

2003—2005 年

(4)表彰 2007-2008 年度优秀论文

公历年份的起止应当用一字线连接号,而不用半字线连接号。改为:

表彰 2007—2008 年度优秀论文

(5)基坑开挖期间的 3 ~6 月正处于南京的梅雨季节。

月份的起止应当用一字线连接号,而不用数值范围号。改为:

基坑开挖期间的 3—6 月正处于南京的梅雨季节。

(6)2005 年1-10 月

月份的起止应当用一字线连接号,而不用半字线连接号。改为:

2005 年 1—10 月

(7)11 月 22 ~23 日

日子的起止应当用一字线连接号,而不用数值范围号。改为:

11 月 22—23 日

(8)观测日期为 2007-05-20 ~2007-07-31。

日期的起止应当用一字线连接号,而不用数值范围号。改为:

观测日期为 2007-05-20—2007-07-31。

(9)分别取每天 10:00 ~12:00 之间的反照率表观测数据。

时刻的起止应当用一字线连接号,而不用数值范围号。改为:

分别取每天 10:00—12:00 之间的反照率表观测数据。

(10)格陵兰岛-冰岛-挪威周边海域

相关的地名之间应当用一字线连接号,而不用半字线连接号。

改为：

格陵兰岛—冰岛—挪威周边海域

(11)广东省最强降水中心位于河源-龙门-新丰一带。

相关的地名之间应当用一字线连接号，而不用半字线连接号。改为：

广东省最强降水中心位于河源—龙门—新丰一带。

(12)同质化的产品——异质化的服务——产品细分，这是它的3大拐点。

连接几个相关的项目应当用一字线连接号，而不用破折号。改为：

同质化的产品—异质化的服务—产品细分，这是它的3大拐点。

(13)我们获得了如下认识："结果——行为——思想——文化"。

相关项目之间应当用一字线连接号，而不用破折号。改为：

我们获得了如下认识："结果—行为—思想—文化"。

(14)将整个创新行为分成"创意——试验——中试——产业化"等环节。

递进式发展应当用一字线连接号，而不用破折号。改为：

将整个创新行为分成"创意—试验—中试—产业化"等环节。

(15)……加速引进技术的消化-吸收-创新-提高。

递进式发展应当用一字线连接号，而不用半字线连接号。改为：

……加速引进技术的消化—吸收—创新—提高。

(16)由燃烧室进入的混合油泥从上往下依次经干燥——热解——燃烧——燃烬——冷却等5个过程。

工艺流程应当用一字线连接号或箭号，而不用破折号。改为：

由燃烧室进入的混合油泥从上往下依次经干燥—热解—燃烧—燃烬—冷却等5个过程。

或改为：

由燃烧室进入的混合油泥从上往下依次经干燥→热解→燃烧→燃

烬→冷却等 5 个过程。

(17)其工艺流程如下:红薯——水洗——去皮——切圆片——蒸煮——捣碎——冷却——混合——干燥——筛选——成品。

工艺流程应当用一字线连接号或箭号。“——”改为“—”或“→”。

(18)按次序从 1 号金相砂纸-3号金相砂纸-6号金相砂纸,从粗到细依次研磨。

工艺流程应当用一字线连接号或箭号,而不用半字线连接号。改为:

按次序从 1 号金相砂纸—3 号金相砂纸—6 号金相砂纸,从粗到细依次研磨。

(19)溶剂—声波处理法

复合词中各部分之间应当用半字线连接号。改为:

溶剂-声波处理法

(20)SCXI—1000 型信号调理箱

产品型号中字符与数字之间应当用半字线连接号。改为:

SCXI -1000 型信号调理箱

(21)PCI—6024E 数据采集卡

产品型号中字符与数字之间应当用半字线连接号。改为:

PCI -6024E 数据采集卡

(22)2,3,5—氯化三苯基四氮唑

“—”改为“-”。

(23)α—螺旋

“—”改为“-”。

(24)风阻系数在 0.28-0.4 之间。

表示数值范围应当用浪纹线,而不用半字线连接号。改为:

风阻系数在 0.28 ~0.40 之间。

(25)年龄在25—40之间。

表示数值范围应当用浪纹线,而不用一字线连接号。改为:

年龄在25~40之间。

(26)70元-200元

表示数值范围应当用浪纹线,而不用半字线连接号。改为:

70~200元

(27)将图2所示平板划分为1 250个元胞,组成50个~25个的元胞空间。

误用数值范围号"~",产生歧义。改为:

将图2所示平板划分为1 250个元胞,组成50×25个元胞空间。

13.2 破折号误用

国标规定:行文中解释说明的语句,用破折号标明(也可以前后都用破折号进行夹注);事项列举分承,各项之前用破折号。

在科技论文中,题名与副题名之间也可用破折号。

不注意这些用法,就会出错。例如:

(1)式中:$\times_1$—原油黏度,mPas;$\times_2$—乳化液黏度,mPas。

解释说明应当用破折号,而不用一字线连接号。改为:

式中:$\times_1$——原油黏度,mPas;$\times_2$——乳化液黏度,mPas。

最好是用"为""是""表示"等动词代替破折号"——",以节省版面,看起来也比较美观。改为:

式中:$\times_1$为原油黏度,mPas;$\times_2$为乳化液黏度,mPas。

最好改为:

式中$\times_1$为原油黏度,$\times_2$乳化液黏度,mPas。

(2)对于建设用地面积比例指数,盐田和罗湖区表现出同样的趋势—1990-2000年有一定程度下降。

解释说明应当用破折号,而不用一字线连接号。改为:

对于建设用地面积比例指数，盐田和罗湖区表现出同样的趋势——1990—2000年有一定程度下降。

(3)法国人的生活习惯包含了引发冠心病的高危因素—高胆固醇食物、吸烟和缺乏运动。

"—"后的词语是解释"高危因素"的，改为：

法国人的生活习惯包含了引发冠心病的高危因素——高胆固醇食物、吸烟和缺乏运动。

(4)近年来发展起来的针对快速叶绿素荧光诱导曲线的数据分析和处理方法—JIP-测定(JIP-test)为深入研究光合作用原初反应提供了有力的工具。但目前尚未见有人从叶绿素荧光动力学的角度研究氮沉降对植物光合机构的影响。

"JIP-测定(JIP-test)"是说明"方法"的，应当用破折号，而不用一字线连接号；此外，还有句号误用问题。改为：

近年来发展起来的针对快速叶绿素荧光诱导曲线的数据分析和处理方法——JIP-测定(JIP-test)为深入研究光合作用原初反应提供了有力的工具，但目前尚未见有人从叶绿素荧光动力学的角度研究氮沉降对植物光合机构的影响。

(5)笔者提出并试验了一种新的网络装药技术—精密压装装药技术。

解释说明应当用破折号，而不用一字线连接号。改为：

笔者提出并试验了一种新的网络装药技术——精密压装装药技术。

(6)目前至少证实，有三个内源信号分子：水杨酸、茉莉酸和乙烯可以介导植物防卫反应，这些信号分子涉及到两个主要的植物防卫反应信号途径，一个是水杨酸依赖途径，另一个是水杨酸非依赖途径即茉莉酸乙烯途径。

此例适合用破折号夹注，而用冒号则将句子隔断了；此外，还有别的点号误用问题。如下改法较好：

目前证实，至少有3个内源信号分子——水杨酸、茉莉酸和乙烯——可以介导植物防卫反应，这些信号分子涉及2个主要的植物防卫反应信号途径：一个是水杨酸依赖途径；另一个是水杨酸非依赖途径，即茉莉酸-乙烯途径。

(7)最新研究报告《数字家庭系列研究报告—家庭FMC业务分析(2009年)》认为……

主、副题名之间用破折号，而不用一字线连接号。改为：

最新研究报告《数字家庭系列研究报告——家庭FMC业务分析(2009年)》认为……

(8)《京都议定书》建立了3种灵活合作机制——即国际排放贸易、联合履行机制、清洁发展机制。

破折号与"即"不要同时用。改为：

《京都议定书》建立了3种灵活合作机制——国际排放贸易、联合履行机制、清洁发展机制。

或改为：

《京都议定书》建立了3种灵活合作机制，即国际排放贸易、联合履行机制、清洁发展机制。

13.3 书名号误用

书名号的形式为"《 》"，如果它里面还要用书名号，则用"〈 〉"。

国标规定，书名、篇名、报纸名、刊物名等用书名号标示。

此外，书名号还可标明影片名、电视片名、戏剧名、歌曲名和文件(包括标准)名等文化产品名，但不用来标明一般产品名、会议名、课程名、科研课题名等。

书名号误用包括2种情形：一种是该用而未用书名号；另一种是不该用而用了书名号。

科技论文中常见的书名号误用的例子如下。

(1)余文畴主编的“长江河道演变与治理”……

引号中的是书名,引号改为书名号。

(2)由 Kirkby 主编的 Hillslop Hydrology 具有里程碑意义。

英文部分是书名,改为:

由 Kirkby 主编的《Hillslop Hydrology》具有里程碑意义。

(3)他在 Science 上发表了2篇文章。

期刊名应当用书名号,改为:

他在《Science》上发表了2篇文章。

(4)可参看本期专题“FSl,你到底是什么”一文。

文章名应当用书名号,改为:

可参看本期专题《FSl,你到底是什么》一文。

(5)张世煌博士在“论杂种优势利用的循环育种策略”一文中系统地阐述了自己的观点。

文章名应当用书名号,改为:

张世煌博士在《论杂种优势利用的循环育种策略》一文中系统地阐述了自己的观点。

(6)南京《扬子晚报》刊发了“与危机同行”的头版头条报道。

文章名应当用书名号,改为:

南京《扬子晚报》刊发了《与危机同行》的头版头条报道。

(7)2003年5月22日《文萃报》上“地方政府为何抢‘时间差’卖国资”一文报道……

文章名应当用书名号,改为:

2003年5月22日《文萃报》上《地方政府为何抢“时间差”卖国资》一文报道……

(8)他们分别以“坚持科学发展,推进制造业的历史性跨越”和“创新产学研机制,提高自主创新能力”为题作了主题报告。

引号改为书名号。

(9)按“公司法”有关规定，新入主的控股大股东将改组美菱电器董事会。

法律文件应当用书名号，“公司法”改为《公司法》。

(10)与“招标投标法”保持同步。

法律文件应当用书名号，“招标投标法”改为《招标投标法》。

(11)UPF 参照 GB/T 18830—2002 纺织品防紫外线性能的评定方法进行测试。

标准名称应当用书名号，改为：

UPF 参照 GB/T 18830—2002《纺织品防紫外线性能的评定方法》进行测试。

(12)我国“铁路隧道设计规范”

规范名称应当用书名号，改为：

我国《铁路隧道设计规范》

(13)我国“血脂异常防治建议”是 1997 年制定的，新的建议正在修订中。

“建议”文件应当用书名号，改为：

我国《血脂异常防治建议》是 1997 年制定的，新的建议正在修订中。

(14)据所公布的“中国科技期刊引证报告(核心版)”的信息

“报告”文件应当用书名号，改为：

据所公布的《中国科技期刊引证报告(核心版)》的信息

(15)“《中文核心期刊要目总览》入编通知”

“通知”应当用书名号，改为：

《〈中文核心期刊要目总览〉入编通知》

(16)这首名为“琴心交响·知性人生”的主题曲受到听众的喜爱。

歌曲名应当用书名号，改为：

这首名为《琴心交响·知性人生》的主题曲受到听众的喜爱。

(17)1993 年美国环保局发布了“化学品事故排放风险管理计划”。

计划名应当用书名号,改为:

1993 年美国环保局发布了《化学品事故排放风险管理计划》。

(18)日本“新奥法设计施工技术指南”

指南名应当用书名号,改为:

日本《新奥法设计施工技术指南》

(19)它连续多年被授予《重合同,守信用》荣誉称号。

“称号”不用书名号,可用引号。改为:

它连续多年被授予“重合同,守信用”荣誉称号。

(20)与中宣部等单位共同举办《毛泽东档案展》。

展览会名不用书名号,如果需要,可用引号。改为:

与中宣部等单位共同举办“毛泽东档案展”。

(21)SIMS 2004 设有若干专业展区:《CAD/CAM 及管理软件展区》,《数控机床配套商品展区》……

“展区”不用书名号,改为:

SIMS 2004 设有若干专业展区:CAD/CAM 及管理软件展区、数控机床配套商品展区……

(22)我们安排了《卓越客户服务》、《有效沟通技巧》、《有效演讲技巧》、《策略性客户答问》等 6 门管理课程。

课程名称不用书名号,改为:

我们安排了卓越客户服务、有效沟通技巧、有效演讲技巧、策略性客户答问等 6 门管理课程。

或改为:

我们安排了“卓越客户服务”“有效沟通技巧”“有效演讲技巧”“策略性客户答问”等 6 门管理课程。

(23)近年来,清华大学经管学院、清华科技园携手在清华大学开设了《创业机会识别和商业计划——清华研究生创业系列课程建设探索》,梅萌等担任课程主讲。

课程名称不用书名号,如果需要可用引号。

(24)基金项目:湖南省教育科学"十一五"规划资助课题《高职学生解决问题能力培训与测评研究》(课题批准号:XJK06BZC001)

项目名称不用书名号,如果需要,可用引号。

(25)国家"863"计划项目《大直径泥水质构的消化吸收与设计》

项目名称不用书名号,如果需要,可用引号。

(26)2006年,由铁道部科技司立项,中铁西南科学研究院承担了《客运专线隧道全断面预加固技术的应用研究》工作。

课题名称不用书名号,如果需要,可用引号。

(27)以《板栗栽培技术》为主题举办讲座

讲座、会议等的"主题"不用书名号,可用引号;如果是"以……为题",则文章题名、报告题名、演讲题名等用书名号。

(28)《××学报,中文版》,《××学报,英文版》

"中文版""英文版"字样,是放在书名号内还是放在书名号外,是有讲究的。应根据这些字样是否是刊名的组成部分来判别:若是刊名的组成部分,则放在书名号内;否则放在书名号外。这里,改为:

《××学报》(中文版),《××学报》(英文版)

13.4 引号误用

国标规定,引号用于以下2种场合:

1)行文中直接引用的话,用引号标示;

2)具有特殊意义的词语,用引号标示。

此外,它还规定,引号里面还要用引号时,外面一层用双引号,里面一层用单引号。

不注意这些规定，就会出错。例如：

(1)1956 年 6 月的一天，钱学森找到了当时负责喷气推进实验室计划的美国国防部海军次长金贝尔，提出了回国探亲的想法，也就是在钱学森离开办公室的时候，金贝尔拨通了司法部的电话，在电话中，他态度强硬的发出了不能放走钱学森，宁可枪毙，也不让他离开美国的指令，在他看来，无论在哪里，钱学森都抵得上五个师。

该用而未用引号，导致语义不明晰；还有其他点号使用不当的问题。此外，还有语病。改为：

1956 年 6 月的一天，钱学森找到了当时负责喷气推进实验室计划的美国国防部海军次长金贝尔，提出了回国探亲的想法。也就是在钱学森离开办公室的时候，金贝尔拨通了司法部的电话，态度强硬地发出了“不能放走钱学森，宁可枪毙，也不让他离开美国”的指令。在他看来，无论在哪里，钱学森都抵得上五个师。

(2)以五比五赛为目标

“五比五赛”，具有特殊含义。改为：

以“五比五赛”为目标

(3)本研究支持结论预防性应用氟康唑可以降低真菌感染率。

作如下改动比较顺畅：

本研究支持“预防性应用氟康唑可以降低真菌感染率”这一结论。

(4)‘拆沉’强调重物质下沉是主因，是纯粹的物理过程；‘浸蚀’则侧重轻物质上涌过程，重化学过程。

单引号改为双引号。

(5)在此又称‘锥虫生长因子’。

单引号改为双引号。

13.5　其他标号误用

(1)其中 $i=1,2,\cdots\cdots15$。

按数学式常规表示方式,改为:

其中 $i=1,2,\cdots,15$。

(2) <111 >线

三角括号误用成小于号(<)和大于号(>),改为:

⟨111⟩线

(3)最大捕食量和最佳寻找密度均在光照最强为 12 000 lx 时最大。

该用而未用括号,导致句子不通顺。改为:

最大捕食量和最佳寻找密度均在[光]照度最强(12 klx)时最大。

第 14 章　标号与点号配合不当

14.1　引号与点号配合不当

引语末了要用点号,又有后引号(”),如何处置?原则是:凡是把引语作为完整独立的话来用,点号放在引号之内;凡是把引语作为作者的话的一个组成部分,点号放在引号之外。不注意这一规则,就会出错。例如:

(1)这让我们想起了东软集团董事长刘积仁先生的签到提辞:“愿《中外管理》和中国企业一起卓越”。

引用的是完整的一句话,句号应在后引号之前;此外,“提辞”应为“题词”。改为:

这让我们想起了东软集团董事长刘积仁先生的签到题词:“愿《中外管理》和中国企业一起卓越。”

(2)大家注意到了,在十六大报告里面,有这样一句谈到品牌的话:“要形成一批世界级跨国企业和著名品牌”。

引用的是完整的一句话,句号应在后引号之前。改为:

大家注意到了,在十六大报告里面,有这样一句谈到品牌的话:“要形成一批世界级跨国企业和著名品牌。”

(3)记得有位纪录片导演说的话,我特别认同,他说:“其实纪录片就是用你的生命去感受别人的生命”。

引用的是完整的一句话,句号应在后引号之前;此外,还有别的点号误用问题。改为:

记得有位纪录片导演说的话,我特别认同。他说:“其实纪录片就是用你的生命去感受别人的生命。”

(4)中央第十一个五年规划的建议指出:“千方百计增加农民收入,大力发展县域经济,加强农村劳动力技能培训,引导富余劳动力向非农产业和城镇转移,带动乡镇企业和小城镇发展”。

引用的是完整的话,句号应在后引号之前。

(5)患者说:“每次发作前,我都说不出话来”。

引用的是完整的一句话,句号应在后引号之前。

(6)《汜胜之书》中已有采用种子包衣技术处理种子的记载:“……六七溲而止”。

引用的是完整的一句话,句号应在后引号之前。

(7)记得在一个名字叫《与青春有关的日子》的电视剧里有这么一句台词:“今天之所以区别于昨天,恰恰是因为昨天的感受依然留在我们心中”。

引用的是完整的一句话,句号应在后引号之前。

(8)“设计不仅仅是式样设计,也会用华美的方式解决问题”,马克·亚当斯说道。

引用的是完整的一句话,改为:

“设计不仅仅是式样设计,也会用华美的方式解决问题。”马克·亚当斯说道。

(9)当 Chinn 谈到“如今,人们已经对合成机油及其优点有一更多的认识”时,他也很快指出了“在中国,对于合成机油的了解依然存在着许多误区。”

引语作为本文作者的话的一部分,句号应在后引号之后。改为:

当 Chinn 谈到“如今,人们已经对合成机油及其优点有一更多的认识”时,他也很快指出了“在中国,对于合成机油的了解依然存在着许多误区”。

(10)品牌对一个企业来说,“赢得用户时,品牌是影响力;开拓市场时,品牌是战斗力。”

引语作为本文作者的话的一部分,句号应在后引号之后。改为:

品牌对一个企业来说,“赢得用户时,品牌是影响力;开拓市场时,品牌是战斗力”。

(11)“我们为此工作了三年半”,亚当斯接着补充说,新的 Insignia 应该代表什么—“代表雕塑工艺的造型,与德国工程工艺的精密相结合,引人入胜的和谐外形,与可视可感的品质相配。”

引语作为本文作者的话的一部分,句号应在后引号之后;此外,一字线连接号应为破折号。改为:

“我们为此工作了三年半”,亚当斯接着补充说,新的 Insignia 应该代表什么——“代表雕塑工艺的造型,与德国工程工艺的精密相结合,引人入胜的和谐外形,与可视可感的品质相配”。

(12)每个人都免不了被冻得感冒,“后来我们每天都带着二锅头,从温室出来就喝几口,御御寒。”

引语作为本文作者的话的一部分,句号应在后引号之后。改为:

每个人都免不了被冻得感冒,“后来我们每天都带着二锅头,从温室出来就喝几口,御御寒”。

(13)据宝马工作人员介绍,“3 系、5 系和 Z4、X3、X5 均有销售,参展的每款车都赢得了一批观众的心仪。”

引语作为本文作者的话的一部分,句号应在后引号之后。改为:

据宝马工作人员介绍,“3 系、5 系和 Z4、X3、X5 均有销售,参展的每款车都赢得了一批观众的心仪”。

14.2　括号与点号配合不当

括号里的话如果只是注释句子里的某些词语,那么括号要紧靠在被注释词语的后边,这叫句内括号;括号里的话如果是注释整个句子的,那么括号要放在句末的点号之后,这叫句外括号。也就是说,句内括号位于句中或句末的点号之前,句外括号位于句末点号之后。

尤其要注意,句内括号之前是不能有点号的。例如:

(1)表2第3行表明,在维修决策 d_1 作用下,由状态1转移至状态2,3,4的概率分别为0.9,0.09,0.01,0,相应的报酬分别为15,13,11,-4.5万元。(负值表示在策略 d_1 作用下,由状态1转移至状态4的维修、损坏费用要大于收益)。

此为句内括号,前半括号之前的句号应删去。改为:

表2第3行表明,在维修决策 d_1 作用下,由状态1转移至状态2,3,4的概率分别为0.9,0.09,0.01,0,相应的报酬分别为15,13,11,-4.5万元(负值表示在策略 d_1 作用下,由状态1转移至状态4的维修、损坏费用要大于收益)。

(2)立项数占申报数的31.8%。(具体数据见表1)。

此为句内括号,前半括号之前的句号应删去。改为:

立项数占申报数的31.8%(具体数据见表1)。

(3)出色的低温保护性能,使得汽车能在寒冷天气下实现更加轻松和快速的启动。(如美孚1号能够在-35℃的低温条件下轻松工作)。

此为句内括号,前半括号之前的句号应删去。改为:

出色的低温保护性能,使得汽车能在寒冷天气下实现更加轻松和快速的启动(如美孚1号能够在-35℃的低温条件下轻松工作)。

(4)到了1950年以后除少数年以外,都是几个国家的几个化学家或者是一个国家的几个化学家共同所得,见表1。(为了说明笔者想要表达的观点,1950年以前的未列出)。

此为句内括号,前半括号之前的句号应删去;此外,“以后”后边应有逗号。改为:

到了1950年以后,除少数年份外,都是几个国家的几个化学家或者是1个国家的几个化学家共同所得,见表1(为了说明笔者想要表达的观点,1950年以前的未列出)。

第 15 章　系列标点处理不当

系列标点的使用，指的是一个片段的文字中各种标点的配合问题。

关于系列标点的用法，目前还没有统一规定，这里只是根据一些约定俗成的做法和笔者的意见来讨论，供参考。

(1) 有学者将影响国家海权发展的地理资料归纳为：1) 海岸条件：……是温暖的还是封冻的2) 出海通道：……是至关重要的3) 海岸间的地理联系：……不能集中使用4) 岛屿、半岛、陆地对边缘海的封闭情况：……战略地理障碍5) ……

这里的问题有：

1) 在同一个语言片段中，出现了冒号套冒号的问题；

2) 各并列项末尾缺分号；

3) 列项序号用了"(1)、(2)、(3)"等，与论文中的数学式号如"式(1)、式(2)、式(3)等"中的"(1)、(2)、(3)等"重复，有时可能会引起混淆。

所以，改为：

有学者将影响国家海权发展的地理资料归纳如下。1) 海岸条件：……是温暖的还是封冻的；2) 出海通道：……是至关重要的；3) 海岸间的地理联系：……不能集中使用；4) 岛屿、半岛、陆地对边缘海的封闭情况：……战略地理障碍；5) ……。

(2) 它具有以下 2 个重要特性：1) 光存储：……；2) 红外上转换：……。

在同一个语言片段中，应尽量避免冒号套冒号。改为：

它具有以下 2 个重要特性。1) 光存储：……；2) 红外上转换：……。

或改为：

它具有以下 2 个重要特性：1）光存储——……；2）红外上转换——……。

（3）由以上分析得出制备银纳米膜的最佳工艺条件为

表面活性剂：	硬脂酸
电解液组成：	$AgNO_3$ 5 mmol/L
pH 值：	3
槽压：	4 V
电沉积温度：	5 ℃

改为：

由以上分析得出制备银纳米膜的最佳工艺条件为：

表面活性剂	硬脂酸
电解液组成	$AgNO_3$ 5 mmol/L
pH 值	3
槽压	4 V
电沉积温度	5 ℃

（4）根据光谱测量结果，普朗斑岩铜矿区至少可识别出以下 3 个主要的蚀变带：

钾化带：……

…………

在同一个语言片段中应避免冒号套冒号。改为：

根据光谱测量结果，普朗斑岩铜矿区至少可识别出以下 3 个主要的蚀变带。

钾化带：……

…………

或改为：

根据光谱测量结果，普朗斑岩铜矿区至少可识别出以下 3 个主要的蚀变带：

钾化带　……

…………

(5)调查项目为1)温室的建造时间、结构、占地面积、净面积、建造费用、使用年限……等其他费用及年折旧费2)温室茬口安排、种植种类……肥料费。3)一茬中的最高售价、最低售价……产值。4)……。5)……。

改为：

调查项目为:1)温室的建造时间、结构、占地面积、净面积、建造费用、使用年限等其他费用及年折旧费;2)温室茬口安排、种植种类……肥料费;3)一茬中的最高售价、最低售价……产值;4)……;5)……。

(6)

色谱条件如下：

色谱柱:玻璃填充柱,长度:2 m,口径:2 mm

…………

柱箱温度:170 ℃,进样口温度:250 ℃,检测器:FID,温度:250 ℃

载气:氮气,30 mL/min,进样体积:2 μL,分析时间:8 min

改为：

色谱条件如下。

色谱柱:玻璃填充柱,长度 2 m,口径 2 mm;

…………

柱箱温度:170 ℃;

进样口温度:250 ℃;

检测器:FID,温度 250 ℃;

载气:氮气,进样速度 30 mL/min,进样体积 2 μL,分析时间 8 min。

(7)下列地质事实不得不让我们反思流体在俯冲带中的赋存状态。1)有关碳氢氧稳定同位素和放射性氩元素同位素的研究表明……;2)HP/UHP变质体中各类高压成因脉状物,其化学成分……。事实上……;3)在高压/超高压变质矿物中发现的……。4)实验岩石学资料表明,……。5)在目前一些研究比较深入的大陆深俯冲带,如苏鲁—大别—桐柏造山带,至今还没有发现同俯冲的岛孤岩浆。……

由于2)中有了句号,所以,前4项的句末都应当用句号,而不用分号。改为:

下列地质事实不得不让我们反思流体在俯冲带中的赋存状态。1)有关碳氢氧稳定同位素和放射性氩元素同位素的研究表明……。2)HP/UHP变质体中各类高压成因脉状物,其化学成分……。事实上……。3)在高压/超高压变质矿物中发现的……。4)实验岩石学资料表明,……。5)在目前一些研究比较深入的大陆深俯冲带,如苏鲁—大别—桐柏造山带,至今还没有发现同俯冲的岛孤岩浆。……

(8)该项目主要分5方面考核选手:1、理解能力:……。2、准确性:……。3、语言规范:……。4、话语的长短:……。5、连贯性:……。

为避免同一个语言片段中冒号套冒号,并且满足"全刊列项说明的序号应一致"的要求,还有列项号"1、""2、""3、"等中阿拉伯数字后用顿号亦不妥;此外,"分5方面考核选手"宜改为"从5方面考核选手"。因此,改为:

该项目主要从5方面考核选手。1)理解能力:……。2)准确性:……。3)语言规范:……。4)话语的长短:……。5)连贯性:……。

或改为:

该项目主要分5方面考核选手:1)理解能力——……。2)准确性——……。3)语言规范——……。4)话语的长短——……。5)连贯性——……。

(9)根据基因库,科学家对人类是否还在进化,大致有2种看法:第1种,在道德和智力的提高方面,人类肯定还在进化。这一点是一致的,几乎没有争论;第2种,在基因库的改变上,对人类是否还在进化,争论很大。

因为第 1 项中已有句号，所以，分号改为句号。

(10) 发病豆荚分级标准为：0 级：豆荚无病；1 级：豆荚上有 0.5 cm 以下浸润斑点；2 级：豆荚上有 0.5 ~ 1 cm 浸润斑，生有少量白色菌丝；3 级：浸润斑面积 1 ~ 2 cm，其上密生白色菌丝；4 级：病斑面积 2 cm 以上，或整个豆荚发病……

问题讨论：

1) 分类的说法不一致——“1 级”说的是“浸润斑点”，“2 级”说的是“浸润斑”，“3 级”和“4 级”说的是“浸润斑面积”。

2) “面积”的单位为什么是“cm”，而不是“cm^2”？

3) 2 级“0.5 ~ 1 cm”与 3 级“1 ~ 2 cm”数值分段有重叠——若浸润斑面积正好是“1 cm”，那么应属于“2 级”还是“3 级”？

4) 对于表示级别，建议不用阿拉伯数字，而用汉字数字或罗马数字；因为用阿拉伯数字，有时可能会引起歧义，比如“2 级”，可能理解为“有 2 个级(别)”。

因此，建议改为：

发病豆荚分级标准如下。0 级：豆荚无病；一级：豆荚上有 <0.5 cm^2 浸润斑点；二级：豆荚上有 0.5 ~ <1.0 cm^2 浸润斑，生有少量白色菌丝；三级：浸润斑面积 1.0 ~ <2.0 cm^2，其上密生白色菌丝；四级：病斑面积 ≥2.0 cm^2，或整个豆荚发病……

或改为：

发病豆荚分级标准为：0 级，豆荚无病；Ⅰ级，豆荚上有0.5 <cm^2 浸润斑点；Ⅱ级，豆荚上有 0.5 ~ <1.0 cm^2 浸润斑，生有少量白色菌丝；Ⅲ级，浸润斑面积 1.0 ~ <2.0 cm^2，其上密生白色菌丝；Ⅳ级，病斑面积 ≥2.0 cm^2，或整个豆荚发病……

(11) 可把大气的污染程度分为四级：即：最严重污染区：一切地衣均绝迹；严重污染区：只有壳状地衣；轻度污染区：具有壳状地衣和叶状

地衣;清洁区:具有壳状地衣、叶状地衣和枝状地衣。

改为:

可把大气的污染程度分为4级,即:最严重污染区,一切地衣均绝迹;严重污染区,只有壳状地衣;轻度污染区,具有壳状地衣和叶状地衣;清洁区,具有壳状地衣、叶状地衣和枝状地衣。

或改为:

可把大气的污染程度分为4级,即:最严重污染区——一切地衣均绝迹;严重污染区——只有壳状地衣;轻度污染区——具有壳状地衣和叶状地衣;清洁区——具有壳状地衣、叶状地衣和枝状地衣。

最好不采用用破折号的改法,因这样所占版面较多。

(12)HDI三聚体的制取可采用本体聚合和溶液聚合两种工艺路线:1)本体聚合溶剂用量少,利于环保。但反应物接触浓度较大,放热剧烈,工艺过程控制困难,并且温度过高会造成胶化现象,需要特殊的后处理方式;2)溶液聚合反应物浓度相对较低……。

改为:

HDI三聚体的制取可采用本体聚合和溶液聚合2种工艺路线:1)本体聚合溶剂用量少,利于环保;但反应物接触浓度较大,放热剧烈,工艺过程控制困难,并且温度过高会造成胶化现象,需要特殊的后处理方式。2)溶液聚合反应物浓度相对较低……。

(13)主要参数如下:额定输出功率:$P_N = 500$ W;电枢外径:$D_a = 0.12$ m;电枢长度:$L_a = 0.06$ m……

改为:

主要参数如下:额定输出功率 $P_N = 500$ W;电枢外径$D_a = 0.12$ m;电枢长度 $L_a = 0.06$ m……

(14)[层次标题与列项说明]

1.2 系统功能的划分

…………

1)科研成果管理系统。……

2)项目申请系统:……

3)专家评审系统:……

4)后台成果管理系统。……

5)项目管理。……

6)数据装入。……

7)各种统计报表:……

8)数据维护。……

各段领句后的点号不一致,时而用“。”,时而用“:”;为了避免冒号套冒号,最好统一用句号。

(15)实验测试工况为:室外环境温度:10、5、0、-5、-10、-15 ℃;系统供水温度:45 ℃;供、回水温差:5 ℃。

改为:

实验测试工况为:室外环境温度,10、5、0、-5、-10、-15 ℃;系统供水温度,45 ℃;供、回水温差,5 ℃。

练习题

这里给出25道练习题,请感兴趣的读者做修改练习。所给答案,谨供参考。

(1)直到20世纪60年代以来,因为进一步了解到砷的毒性和考虑到环境污染和食品安全,农业中无机砷化合物逐渐消失。

改为:

直到20世纪60年代,由于进一步了解到砷的毒性并考虑到环境污染和食品安全,农业生产中的无机砷化合物才逐渐得到控制。

(2)通过应用新的检测方法以及新的材料,特别是纳米材料在生物传感器中的应用,电化学方法在检测DNA和免疫反应领域取得了一些进展,并极大地促进了传感器的发展。

改为:

通过新的检测方法以及新的材料,特别是纳米材料在生物传感器中的应用,电化学方法在检测DNA和免疫反应领域取得了一些进展,这也极大地促进了传感器的发展。

最好改为:

新的检测方法以及新的材料,特别是纳米材料在生物传感器中的应用,使电化学方法在检测DNA和免疫反应领域取得了一些进展,并极大地促进了传感器的发展。

(3)我国对资源接纳控制功能的研究基本上与 ITU 和 TISPAN 的研究保持同步,在 2006 年的 3 月召开的网络总体工作组 13 次会议和信令与协议工作组 7 次会议上分别通过了《电信级 IPQoS 体系架构》和涉及的 3 个接口协议的技术报告。

改为:

中国对资源接纳控制功能的研究基本上与 ITU 和 TISPAN 的研究保持同步,在 2006 年 3 月召开的网络总体工作组第 13 次会议和信令与协议工作组第 7 次会议上分别通过了《电信级 IPQoS 体系架构》和所涉及的 3 个接口协议的技术报告。

(4)雷诺数 Re 在声学中是衡量非线性对流项与耗散项之比的量。当雷诺数 $Re>1$ 时,表明运动的 Re 非线性效应大大地超过了小振幅耗散效应。

改为:

雷诺数 Re 在声学中是衡量非线性对流项与耗散项之比的量。$Re>1$,表明运动的 Re 非线性效应大大地超过了小振幅耗散效应。

(5)C 形根管系统在下颌第二磨牙中的发生率在不同的人种之间差别很大,亚洲人高于西方人,欧美人群中的发生率为 2.7%,泰国人群中的发生率为 10%,黎巴嫩人群中的发生率为 22.4%;而国内报道也存在较大的差异,Yang 等通过研究后发现,C 形根管的发生率为 31.5%;顾永春等通过研究离体牙后发现,C 形根管的发生率为 15.8%;但岳保利等通过研究离体牙后发现,下颌第二磨牙 C 形根管的发生率仅有 3.85%。

改为：

C形根管系统在下颌第二磨牙中的发生率在不同的人种之间差别很大，亚洲人高于西方人：欧美人群中的发生率为2.7%，泰国人群为10%，黎巴嫩人群为22.4%。而国内报道也存在较大的差异：Yang等通过研究发现，C形根管的发生率为31.5%，顾永春等通过研究离体牙发现，C形根管的发生率为15.8%；但岳保利等通过研究离体牙发现，下颌第二磨牙C形根管的发生率仅为3.85%。

(6)产生这些问题的原因是多方面的，既有自身经营管理中不足方面的，也有企业外部环境限制造成的。

改为：

产生这些问题的原因是多方面的，既有自身经营管理中的不足，也有企业外部环境的限制。

(7)抗组胺药治疗只可暂时缓解症状，而且受其中枢抑制作用，新一代抗组胺药对心血管系统有可能出现的严重不良反应的影响。

改为：

用抗组胺药治疗只可暂时缓解症状，而且由于受其中枢抑制作用的影响，新一代抗组胺药可能引起心血管系统严重的不良反应。

(8)2008年11月22日，在法拉利玛莎拉蒂南京3S中心举行了隆重的开幕典礼。×××先生等共同出席了南京3S中心的开幕典礼。

改为：

2008年11月22日，在法拉利玛莎拉蒂南京3S中心举行了隆重的开幕典礼，×××先生等出席。

(9)最近几年我国棕榈油进口量一直保持快速增长态势,2001 年我国棕榈油进口数量仅为 152 万 t,2005 年进口量达到 433 万 t,5 年时间棕榈油进口量增加了 185%。

改为:

最近几年我国棕榈油进口量一直保持快速增长态势,2001 年仅为 152 万 t,2005 年达到 433 万 t,5 年内增加了 185%。

(10)这将不利于自由端纤维理顺伸直,阻碍加捻的顺利进行,在加工中应尽量避免该现象的产生。

改为:

这将不利于自由端纤维理顺伸直,阻碍加捻的顺利进行,在加工时应予以避免。

(11)我们将继续注重加强与医学、卫生部门及科研机构合作,以积极的态度,正确认识和科学的方法投入到《烟草控制框架公约》的履约活动中,为继续推进我国改革开放和社会主义现代化建设做出新的努力。

改为:

我们将继续加强与医学、卫生部门及科研机构的合作,以积极的态度,正确认识并以科学的方法投入到《烟草控制框架公约》的履约活动中,为继续推进我国改革开放和社会主义现代化建设作出新的努力。

(12)学生学习的主动性明显增强,学习活动不在是一种负担,而是一种愉快的体验,他们感到学习是自己的事,学习的责任也就从教师身上转移到学生身上,学生的学习真正成为有意义的学习。

改为:

学生学习的主动性明显增强,学习活动不再是一种负担,而是一种愉快的体验。他们感到学习是自己的事,学习的责任也就从教师身上转移到自己身上,学习真正成为有意义的事情。

(13)实际上这种战略并不新鲜,20 世纪 50 年代就开始走了,结果不就是目前的现状吗?

改为:

实际上这种战略并不新鲜,20 世纪 50 年代就开始实施了,结果不就造成了目前的状况吗?

(14)建设这三大海峡通道,不仅能够大幅度促进海峡两岸区域经济发展,整体上提升我国经济实力与战备实力,而且能更好地促进海峡两岸人民的经济与文化交流,保持我国未来长久的统一具有十分重要的意义。但是长大海峡通道的建设又是一个技术含量非常高的系统工程,不仅投入大,建设周期长,而且运营费用高,切不可急功近利,具有任何短视行为,必须从规划论证开始做好扎实的基础理论研究、建设方案论证、建设方法分析,对一些建设与运营过程中的关键技术,应结合现代化科学技术进行系统攻关。

改为:

建设这 3 大海峡通道,不仅能够大幅度地促进海峡两岸区域经济的发展，整体上提升我国的经济实力与战备实力，而且能更好地促进海峡两岸人民的经济与文化交流。但是，长大海峡通道的建设又是一个技术含量非常高的系统工程，不仅投入大，建设周期长，而且运营费用高；因此，切不可急功近利，有任何短视行为，必须从规划论证开始，作好扎实的基础理论研究、建设方案论证、建设方法分析，对一些建设与运营过程中的关键技术，应采用现代化的科学技术方法与手段进行系统攻关。

(15)国内棕榈油消费自 2000/2001 年度以来保持了高增速，到 2007/2008 年度，国内棕榈油消费已经突破 500 万 t，超越菜子油，成为了第二大食用油品种。

改为：

国内棕榈油消费自 2000—2001 年度以来保持了高增速，到 2007—2008 年度，已经突破 500 万 t，超越菜子油，成为第 2 大食用油品种。

(16)本冷却塔设计时是按照德国《建筑技术规定》执行，应用这个技术规定，塔的高度建造至 170 m 高度没有出现失败或损坏。

改为：

本冷却塔设计采用的是德国《建筑技术规定》，建造至 170 m 高度时没有出现任何问题。

(17)从整个产业角度来看，按这种模式开展业务，业务的真正经营商不再是少数几家移动通讯的网络运营商，而是众多的 SP 和 ICP，产业的组织模式虽然仍是网络运营商和 SP、ICP 的合作联盟，但联盟的模式则完全不同于任何一种当代产业组织模式,这种新的组织模式的核心是存在一个业务运作的平台系统(即产业平台),具体开展生产经营活动的企业(这里是指 SP 和 ICP)通过平台系统组织在一起,并开展相应的经营活动和业务,这种以产业平台为核心和基础所形成的有众多关联企业加盟的联盟组织模式即产业平台组织模式[3-4]。

改为:

从整个产业角度来看,按这种模式开展业务,真正的经营商不再是少数几家移动通信的网络运营商,而是众多的 SP 和 ICP。产业的组织模式虽然仍是网络运营商与 SP、ICP 的合作联盟,但联盟的模式则完全不同于任何一种当代产业的组织模式。这种新的组织模式的核心是存在一个业务运作的平台系统(即产业平台),具体开展生产经营活动的企业(这里是指 SP 和 ICP)通过平台系统组织在一起,并开展相应的经营活动和业务。这种以产业平台为核心和基础所形成的有众多关联企业加盟的联盟组织模式即是产业平台组织模式[3-4]。

(18)在常规饲养家蚕的基础上,将经过筛选和处理的各种生物有机色素添加到人工饲料或桑叶中,使蚕食用后改变其丝腺着色性能,由于添食的色素不同,而吐出五彩缤纷的蚕茧。

改为:

蚕农在常规饲养家蚕的基础上,将经过筛选和处理的各种生物有机色素添加到人工饲料或桑叶中,就使蚕食用后能改变其丝腺着色性能。由于添加的色素不同,所生成的蚕茧就有各种不同的颜色,进而就能生产出五彩缤纷的蚕丝。

(19)由于激光器推荐的工作温度在 10 ~ 35 ℃之间,在低于 5 ℃

以下工作时，有产生冷凝的可能，会对激光器造成损害。所以我们选择逐步升高激光器底座的温度。

改为：

由于推荐的激光器工作温度在 10～35 ℃之间，激光器在低于 5 ℃条件下工作时，有产生冷凝的可能，从而会被损坏；所以，我们采取了相应的措施，使激光器底座的温度逐步升高。

(20) ××等以我国江浙地区的 29 个晚粳稻品种(系)为材料，对其在相同栽培条件下籽粒植酸含量差异的比较结果，我国江浙地区的常规粳稻品种在籽粒植酸含量上的变异幅度相对较小，供试 29 个品种籽粒植酸含量的变化幅度大致在 0.699%～1.034%之间。

改为：

××等以我国江浙地区的 29 个晚粳稻品种(系)为材料，比较其在相同栽培条件下籽粒植酸含量的差异。结果表明，我国江浙地区的常规粳稻品种，其籽粒植酸含量的变异幅度相对较小，为0.699%～1.034%。

(21)笔者通过对建筑专业安全教学现状及存在的问题分析，指出建筑学专业建筑安全教学应从课程设置、教学内容、方法及考核方式等方面加强改革。

改为：

笔者通过对建筑学专业安全教学现状及存在问题的分析，指出应在课程设置、教学内容、教学方法及考核方式等方面加强改革。

（22）与亚铁的微生物氧化相比，其化学氧化极其缓慢，至实验结束，仅有 $<8\%$ 的 Fe^{2+} 被氧化，且该氧化率不受 As(Ⅴ)浓度的影响。

改为：

与亚铁的微生物氧化相比，Fe^{2+} 的化学氧化极其缓慢，至实验结束，其氧化率不到 8%，且不受 As(Ⅴ)浓度的影响。

（23）文中采用了航姿解算过程中对速率陀螺、加速度计和磁传感器的信息进行自适应信息融合，从而实现对陀螺的解算结果进行不定时的修正。

改为：

文中采用了航姿解算过程中对速率陀螺、加速度计和磁传感器的信息进行自适应融合的方法，从而实现对陀螺的解算结果作不定时的修正。

（24）卷烟烟气中的挥发性羰基化合物如甲醛、乙醛、丙酮、丙烯醛、丙醛、2-丁酮、异丁醛等被列入卷烟烟气中 44 种有害成分，具有纤毛毒性，卷烟抽吸过程中会不同程度的刺激人体的感觉器官和呼吸系统，长期吸入会对人体造成较严重的危害。因此，从吸烟与健康的角度，研究测定有害羰基化合物的分析方法，对探索降低卷烟有害成分，提高卷烟吸食的安全性十分必要。

改为：

卷烟烟气中的挥发性羰基化合物如甲醛、乙醛、丙酮、丙烯醛、丙醛、2-丁酮、异丁醛等被列入卷烟烟气中 44 种有害成分，具有纤毛毒性，卷烟抽吸过程中会不同程度地刺激人体的感觉器官和呼吸系统，长期吸入会对人体造成较严重的危害;因此,从吸烟与健康的角度研究有害羰基化合物的分析方法,对于探索降低卷烟有害成分,提高卷烟抽吸的安全性十分必要。

(25)此方案比接触线不断开方案能够更便捷、快速,不足之处是接触线断开,接触线断口处平整度和可拆卸汇流排与接触线安装精度极高,大小段锚段安装调整不平而会出现火花。另外随着温度的变化,汇流排和接触线材料本身的变化以及伸缩率不同,容易在断口处存在隐患。

改为:

此方案比接触线不断开方案能够更便捷、快速地实施。其不足之处是:接触线断开,接触线断口处平整度和可拆卸汇流排与接触线安装精度要求极高,大小段锚段安装调整不平而会出现火花;另外,汇流排和接触线材料本身会随着温度发生变化,比如不同程度的伸缩,从而容易在断口处形成隐患。

参考文献

[1] 李兴昌. 科技论文的规范表达:写作与编辑[M]. 北京:清华大学出版社,1995.

[2] 李裕德. 科技汉语语法[M]. 北京:冶金工业出版社,1985.

[3] 李裕德. 科技汉语修辞[M]. 北京:冶金工业出版社,1988.

[4] 李裕德. 科技汉语与逻辑[M]. 北京:新时代出版社,1994.

[5] 《普通逻辑》编写组. 普通逻辑:修订本[M]. 上海:上海人民出版社,1979.

[6] 吕叔湘. 现代汉语八百词[M]. 北京:商务印书馆,1981.

[7] GB/T 15834—1995 标点符号用法[M]. 北京:中国标准出版社,1995.

[8] 《标点符号用法》修订组.《标点符号用法》解说[M]. 北京:语文出版社,1990.

[9] 陈浩元. 科技书刊标准化 18 讲[M]. 北京:北京师范大学出版社,1998.

[10] 李行健. 现代汉语规范词典[M]. 北京:外语教学与研究出版社,语文出版社,2004.

附 录

写一篇语句规范的科技论文不容易

——读《科技论文病句评改》有感

《科技导报》副主编　苏　青

科技期刊刊载学术论文最重要的目的就是，用规范的语言文字准确、简明、迅捷地传播与储存科技成果信息。要做到这点，就必须正确使用语言文字，或者说论文中尽量不要有语病。

语病，指文章中的句子有毛病，这个毛病包括语法方面的、修辞方面的和逻辑方面的。遵循语法，就要求遣词造句讲究规矩、遵守习惯；符合逻辑，就要求字里行间推理严密、因果对应；讲究修辞，就要求文字表达科学准确、简明生动。换句话说，就语言文字而言，逻辑解决的是对不对的问题，语法解决的是通不通的问题，修辞则解决的是好不好的问题。

人的身体有了疾病，病人会不舒服；科技论文有了语病，读者会不爽快。一篇科技论文，如果存在不对之处，就会使人误解；如果存在不通之处，就会令人费解；如果存在不好之处，就会让人不解。

中国科学技术出版社出版的《科技论文病句评改》一书，就是给科技期刊刊载的学术论文专门进行语句"问诊"、挑错的。编者通过中国科技期刊编辑学会广泛征集科技论文中的典型病句实例，并将这些常见的病句进行整理分类，如用词不当、成分残缺、搭配不当、语序颠倒、结构混乱、详略失当、句式选用不当、句子组织不好、标点符号误用……然后对这些类型的病句实例一一予以辨析，帮助科技期刊编辑分析、修改病句，以期提高科技期刊工作者编辑加工论文稿件的能力，继而熟练掌握、运用、驾驭祖国的语言文字。

生物学家利用生物的外观、生活特性、构造、生理机能等特征的差别，以二分法的方式，将生物按“界、门、纲、目、科、属”由大分类归纳到小分类。某篇科技论文中有这样一段文字：“鲟鱼类至今已有2亿多年历史，精子顶体结构和中段与其原始的进化地位相吻合。”“鲟”属于脊索动物门幅鳍鱼纲鲟形目鲟科，可见，“鲟鱼类”说法不对，正确的表述应是“鲟形目鱼类”或“鲟科鱼类”。此外，这段文字的后半句缺指示代词，“顶体结构”与“中段”并列也不当。全句改为“鲟形目鱼类至今已有2亿多年历史，其精子顶体和中段的结构与其原始的进化地位相吻合”后，就不会误导作者、令人费解了。

判断一篇科技论文中是否有病句，光凭语感和直觉常常是靠不住的，科技期刊编辑还必须熟悉并掌握语法规则、修辞手法和逻辑知识，并在编辑加工中熟练运用这些知识、规则和手法，以便准确辨析语病，迅即发现问题，及时纠正错误。

“美托洛尔、比索洛尔、卡维地洛等β受体阻滞剂可降低慢性心力衰竭总病死率达到34%～35%。”这句话读起来就让人拗口——一般读起来拗口的句子通常都会有语病，稍加分析，发现问题大了：“可降低”“达到”，用词有误。是可以把总病死率降低34%～35%呢？还是降低到34%～35%？原文意思表达不明确，需要退回作者修改。

再举一个病句：“精确称取原料约20 g。”这里，“精确”与“约”，意义自相矛盾，表达也不准确。了解上下文原意后，知道正确的文字应是：“精确称取原料20 g。”类似的语病还有：“大约8 GPa左右。”显然，这里，“大约”与“左右”，只能取其一；否则，就会因约数词语重复造成语病。

科技论文的文字应当讲求准确、简练，但是，“不准确”“不简练”却是科技论文写作中的一个通病。前面已经举过“不准确”的病句实例，现在试看这个“不简练”的病句:“目前这批样品的取得均是在北京的秋、冬、春三个季节得到的。”“取得”与“得到”重复,把它改为:“目前这批样品均是在北京的秋、冬、春3个季节取得的。”整个句子是不是“苗条”了一些?

但是,如果你不顾词义盲目地追求简练,很有可能就会走向问题的反面,引起论文表述的歧义。试举一例:“GIS设备以其优良的性能……”。GIS既是地理信息系统(geography information system)的英文缩写词,又是气体绝缘全封闭组合电器(gas insulated switchgear)的英文缩写词,为避免歧义,文中第一次出现GIS时,作者最好在其后写出对应的中文和英文全称,而不要一上来就用缩写。

标点符号是书面语言不可缺少的组成部分,不仅具有表示停顿、语气以及词语的性质和作用的功能,而且还有辅助修辞和有利于准确表达语义的作用。或许是标点符号太不引人注意了,或许是认为标点符号太简单了,《科技论文病句评改》编者发现,科技期刊中标点符号使用不规范问题普遍存在,应当引起编辑们的注意。书中,编者以国标《标点符号用法》为依据,用实例重点讨论了科技期刊中标点符号误用的如下几种情况:点号误用,点号的降格使用问题,标号误用,标点配合不当,系列标点处理不当……读毕掩卷,不禁感叹:小小标点符号,大大文字学问。

我这里所举的科技论文病句实例,全部引自《科技论文病句评改》一书。书中内容还包括:661个科技论文病句及其评改,212组不规范的科技名词术语及其改正,230组别字或非首选字及其改正,368个标点符号错用例句及其订正,供读者作纠错练习的25个病句。书中病句实例可谓丰富多彩,科技期刊(当然也包括科技图书)编辑读罢,想必大有裨益。

需要指出的是,《科技论文病句评改》所提供的病句,只是那些资深的科技期刊审读专家从全国5 000多种科技期刊刊载的数十万篇学术论文中抽查审读出来的，只是无数个病句中的很小一部分。要知道，这些学术论文发表时，那些受过文字训练的科技期刊编辑们已经对其进行了编辑加工、审读把关。一篇论文经过了这么多道文字的设卡把关，依然难免出现这样那样的病句问题，可见，对一位没有经过专门文字训练的科技工作者来说，写好一篇语句规范的科技论文是多么的不容易！

从这个角度来看，《科技论文病句评改》不仅是为科技期刊编辑编写的，更是为广大科技工作者编写的。

由此，我们要感谢提议并主编《科技论文病句评改》的冯长根教授、设立该编写项目的中国科协学会学术部、组织实施编书任务的中国科技期刊编辑学会，以及参与这项工作的广大科技期刊审读专家。

评改真给力　开卷必受益

——点评并推荐《科技论文病句评改》

北京卓众出版有限公司总编辑　张品纯

科技论文的撰写和发表过程是科学研究工作的延续，发表论文的目的在于准确地记录和传播科学研究成果。一篇科技论文，只有不仅内容好，而且语言文字规范和准确，才称得上是一篇好论文。中国科协书记处书记、《科技导报》主编冯长根教授在2011年第1期《科技导报》发表的新年寄语中，就对"写一篇好论文"这个话题作了形象的比喻和精彩的论述："如果说科学研究成果是科学家献给世界的一颗颗'珍珠'，那么学术论文就是对'珍珠'的采集。你对科学技术真理的追求，也是由学术论文来记录的。你在撰写和发表学术论文之时精益求精是非常值得的。"冯书记所说的"在撰写和发表学术论文之时精益求精"，自然包括了语言文字规范方面的要求。如果发表的学术论文中语病百出、错误连篇，不仅难以保证科学研究成果被准确地记录和传播，论文作者和编者的职业精神和科学态度也会受到读者的质疑；因此，运用规范、准确的语言文字撰写和发表科技论文，保证科技论文语言的科学性，既是论文作者和编者义不容辞的责任，也是其崇尚科学精神、遵从学术道德规范应有的表现。特别是在当前大力推进学术道德建设、大兴学术诚信之风的形势下，科技论文的作者和编者更应该有"在撰写和发表学术论文之时精益求精"的精神，在正确使用祖国语言文字方面为全社会做出表率。

尽管科技论文的作者和科技期刊的编辑大多受过高等教育，属于文化层次比较高的群体，但在科技期刊发表的论文中，病句仍屡见不鲜。《科技论文病句评改》一书所评改的病句实例，绝大多数是从被审读的科技期刊中发现的，就是最好的佐证。正是因为绝大多数病句实例来源于对科技期刊的审读，因此本书的针对性不言而喻，出版本书的必要性以及本书的实用性也不言自明。

第一次看到《科技论文病句评改》书稿，书名中的“评改”一词就给我留下了深刻印象。这个词在口语中不常用，《现代汉语词典》（第5版）给出的释义是“批改”；但是，“评改”与“批改”在用法上还是有区别的。本书的书名中使用“评改”，不仅准确地概括了全书编写的特点，也表现出编者与读者探讨科技论文语言文字规范化问题、分享语言文字运用心得的姿态，是非常贴切的。试想一下，如果把书名中的“评改”替换为“批改”，念起来是什么感觉？

在科技期刊的编辑实践中，许多编辑人员有这样的体会：修改一个病句比较容易，要说清楚修改的理由则比较困难；但是，如果说不清楚修改的理由，有时就难以令人信服，也难以给人留下深刻印象，不利于编辑人员吸取教训、举一反三，提高编辑业务水平。本书采取“评”“改”结合的方式，对科技期刊发表的论文中出现的典型病句进行评改，不仅对列举的病句均作了修改，而且指出了问题所在，说明了修改的理由，使读者能够在“知其然”的同时“知其所以然”。这是本书的主要特色，也是最大的卖点。这样的“评改”，自然是相当给力的。

本书在内容安排上充分考虑了科技期刊编辑和科技论文作者这一特定读者群体规范科技论文语言文字的现实需要，全书除了列举出具有代表性的600多个病句、300多个标点符号错用例句进行评改和订正外，还集中对212组不规范的科技名词术语和230组别字或非首选字进行了改正，并在书末附上了供读者作纠错练习的25个病句。书中列举的病句和标点符号错用实例，涵盖了科技期刊发表的论文中语言文字方面常见的各种差错类型。为了方便读者查阅学习，本书还在编排时对所评改订正的病句和标点符号错用例句进行了分类，全书共3篇15章，第1篇“语病”分为“用词不当”“成分残缺”“搭配不当”“语序颠倒”“结构混乱”“详略失当”“句子组织不好”和“其他方面的语病”等8章，第2篇“科技名词术语误用和别字”则用2章的篇幅分别列举出“未使用规范的科技名词术语”和“别字或未使用首选字”的常见差错并进行改正，第3篇“标点符号误用”分为“点号误用”“点号的降格使用问题”“标号误用”“标号与点号配合不当”以及“系列标点处理不当”等5章，其中大多数的章都分了节，每一节只讨论同一类问题。全书篇章结构设置合理，内容安排详略得当，语言表述规范严谨，是值得科技期刊编辑和科技论文作者认真阅读的上乘之作。

科技期刊的编辑和科技论文的作者都是语言文字的使用者，而不是专门研究语言文字的专家学者，要提高驾驭语言文字的能力，主要靠在工作实践中点点滴滴地不断积累，包括自己钻研和向他人请教。本书作为集体智慧的结晶，不仅内容十分丰富，而且是专门针对科技期刊编辑和科技论文作者提高语言文字运用水平的现实需求编写的，因此针对性和实用性极强，读者如果能够耐心地研读全书，一定会获益匪浅，哪怕只是偶尔翻看几页，也会有所收获，正所谓“开卷有益”。

一句话，本书是一部难得一见的佳作，值得推荐给科技期刊编辑和科技论文作者阅读。

本书的编写也不是一件容易的事，编者付出的辛勤劳动值得称赞。在此，我也代表科技期刊的编辑和科技论文的作者向本书编者表示感谢！